Zu diesem Buch

Neue Lebensformen im Alter könnte auch heißen: Wir wollen keine «Senioren sein», nicht als Sonderfälle – und vielleicht sogar als «sonderliche Fälle» – in einer Gesellschaft angesprochen werden, die so ganz auf Jugend und Jugendkultur eingestellt ist. «Senioren» klingt wie «Raumpflegerin» – wie ein Trostwort. Wir aber wollen Menschen sein, die nach einem Leben voller Arbeit, voller Verpflichtungen und Lasten gerade jetzt den Anspruch auf schöne Erlebnisse, auf ein wenig «Leichtigkeit des Seins» anmelden.

Jetzt wollen wir keine Senioren sein, die «betüttelt» werden, sondern Menschen, die in eine freiere Lebensform hineingehen. Dieses Buch will Ihnen ein paar Hinweise geben, was es an neuen Möglichkeiten gibt und geben könnte.

Der Autor

Dr. Werner Siegert (geboren 1930 in Dessau) ist seit 1976 selbständiger Managementberater und -trainer. Der Banklehre und dem Studium der Betriebs- und Volkswirtschaftslehre folgten Praxisjahre in mittelständischen Unternehmen. 1967 bis 1974 war er Chefredakteur der Zeitschrift für Unternehmensführung «Plus». Er gehört zu den Gründern der Deutschen Management-Gesellschaft.

Werner Siegert verfaßte über zwanzig Fachbücher. Sein Buch «Selbst-Management und Liebe – Mehr Lebensenergie» widmete er den Menschen in Lebens- und Leistungskrisen.

1994 veröffentlichte Werner Siegert im Rowohlt Taschenbuch Verlag sein Buch «Liebe in Pension. Wie sich Beziehungen nach dem Arbeitsleben ändern» (rosach 9751).

Werner Siegert

Jetzt kann ich was erleben!

▷ Neue Lebensformen im Alter

rororo
Rowohlt

Originalausgabe
Veröffentlicht im Rowohlt Taschenbuch Verlag GmbH,
Reinbek bei Hamburg, Juli 1996

Umschlagfoto: Photo Shot/Bavaria
Satz Sabon und Frutiger (Linotronic 500)
Gesamtherstellung Clausen & Bosse, Leck
Printed in Germany
1490-ISBN 3 499 60111 7

▷ Inhalt

Ich bin zu alt, um nur zu spielen,
zu jung, um ohne Wunsch zu sein!

(Goethe, Faust)

▷ Warum nicht zum Frühstück ins Hilton?

«Sag mal, Oma, wo warst du denn den ganzen Vormittag? Ich hab schon ein paarmal versucht, dich anzurufen, aber du bist nicht ans Telefon gegangen. Wir haben uns schon Sorgen gemacht...»

«Ihr braucht euch doch nicht gleich Sorgen zu machen, wenn ich mal nicht ans Telefon gehe! So klapprig bin ich nun auch nicht, daß ihr immer gleich ans Schlimmste denken müßtet. Nein, nein, Kindchen, ich war nur frühstücken...»

«Was warst du?»

«Frühstücken. Im Hilton! Weißt du, da gibt es immer so ein ganz tolles Frühstücksbuffet, und man wird so nett bedient und es sind so viele interessante Leute dort...»

«Aber das kostet doch 'ne Stange Geld, Oma. Dafür kannst du dir doch leicht zehnmal ein Frühstück zu Hause machen bei der einen Semmel, die du gewöhnlich ißt!»

«Ja, wenn ich nicht in Gesellschaft bin und nur in meinen vier Wänden! Aber wenn ich schön angerührten Quark mit Früchten bekomme und Rührei mit gebackenem Speck und frisch gepreßten Orangensaft – und vor allem diese vielen netten Leute! Heute war da 'ne indische Familie oder aus Thailand oder so, in ihren wunderschönen Gewändern, mit diesen langen schwarzen Haaren und den dunklen Augen – und so liebe Kinder, so brav!»

«Ja, ich weiß ja, unsere gehen dir immer ein bißchen auf die Nerven...»

«Na ja, ihr habt sie halt ein bißchen lebhaft erzogen. Kinder sind halt heute mal so...»

«Hast du das denn schon öfter gemacht?»

«Was?»

«Nun das mit dem Frühstück im Grandhotel?»

«Ja, so zwei-, dreimal. Und natürlich bei meiner Reise im letzten Jahr. Da habe ich mir gedacht: Dazu brauchst du nicht erst nach Ceylon zu reisen. Das hast du um die Ecke!»

«Na, um die Ecke nun ja auch nicht gerade!»

«Das sind noch keine zehn Minuten mit dem Taxi!»

«Mit dem Taxi auch noch. Da kommt dich ja das Frühstück leicht auf sechzig Mark, hin und zurück!»

«Na und? Dafür spare ich mir das Mittagessen und bin den ganzen Tag gut drauf. Das macht soviel Spaß. Da ist man dann den ganzen Tag ganz anders gestimmt. Raus aus dem Trott.»

«Oma, was ich dich fragen wollte und weshalb ich überhaupt anrufe: Könntest du morgen mal wieder auf die Kinder aufpassen? Abends? Thomas und ich, wir sind zu einer Party eingeladen. Das kann schon ein bißchen länger dauern, und der kleine Kelvin, der hat's ja noch ein bißchen im Hals. Da ist der quengelig, wenn niemand zu Hause ist!»

«Du, Sabine, das trifft sich aber arg schlecht. Morgen abend habe ich meinen chinesischen Sprachkursus.»

«Oma, du willst mich wohl veralbern? Sprachkursus und dann auch noch chinesisch?»

«Nein, überhaupt nicht!»

«Was willst denn du in deinem Alter noch Chinesisch lernen, das ist doch wahnsinnig schwer, noch dazu in deinem Alter, wo man sich sowieso schwertut mit dem Lernen. Das merke ich ja schon!»

«Nein, nein, ich will dich gar nicht veralbern. Ich habe mich bei der Volkshochschule eingeschrieben für einen Anfängerkurs. Das ist hochinteressant, sage ich dir. Wir sind nur ein ganz kleiner Kreis und eine ganz reizende Chinesin, so eine nette Frau, unser Teacher.»

«Wann ist denn der Kurs zu Ende? Der dauert ja doch sicher nicht so lange!»

«Danach gehen wir immer noch irgendwohin, der Robert und ich und die anderen. Da habe ich neulich richtig mit Stäbchen essen gelernt. Ist ja gar nicht so umständlich, wie ich mir das immer vorgestellt habe. Und Yang Suk hat uns das beigebracht und ein bißchen die chinesische Musik erklärt.»

«Wer ist denn Robert?»

«Habe ich euch noch nicht von ihm erzählt? Den habe ich doch auf der Reise kennengelernt. Der ist auch Witwer. Er hat mich doch erst für alle diese Dinge aufgeschlossen. Ja – und nun haben wir uns eigentlich schon richtig angefreundet. Er war ja auch mit zum Frühstück und sitzt jetzt hier bei mir!»

«Ach – so ist das also. Dann hast du für deine Enkelkinder gar keine Zeit mehr!»

«Das habe ich ja nicht gesagt. Aber ich gestatte mir schon, jetzt in meinen noch lebenswerten Jahren – weiß ich, wie lange mir der liebe Gott noch Gesundheit und Unternehmungslust schenken wird? – ein bißchen an mich selbst zu denken!»

«Dann wird das also nichts mit unserer Party. Dann können wir uns so was wohl in Zukunft in den Mond schreiben!»

«Sei doch nicht gleich eingeschnappt. Mittwochs habe ich Chinesisch, und freitags, das weißt du ja, ist mein Bridge-Abend. Und ausnahmsweise mal werde ich übers Wochenende bis nächsten Dienstag mit Robert nach Salzburg fahren. Er will mir mal seine Stadt zeigen, wo er großgeworden ist.»

«Na dann, Oma, viel Vergnügen – und auf bald mal!»

DAS NACHSPIEL

«Also, Thomas, ich habe gerade mit deiner Mutter telefoniert. Sag mal, die dreht ja wohl jetzt ganz durch. Weißt du, wo die heute gefrühstückt hat? Das rätst du im Leben nicht! Im Hilton hat die feine Dame ihr Breakfast eingenommen. Und da waren so guterzogene indische Kinder! Merkst du den Unterton? Wir hätten unsere ja sehr lebhaft erzogen, mault sie!

Und das ist ja noch nicht alles, noch lange nicht! Die ist in den Flitterwochen!»

«Du spinnst ja...»

«Nein, deine Mutter – halt dich fest – hat einen Freund. Robert heißt er. Und sie verreist mit ihm! Sicher nicht mit zwei Einzelzimmern! Und – sitzt du gut? Sie geht mit ihm neuerdings in einen Chinesisch-Kursus und kann deshalb am Mittwoch nicht auf die Kinder aufpassen. Soweit geht das jetzt! Daß wir uns einen anderen Babysitter suchen müssen. Ich glaube, du mußt mit ihr mal ein Wörtchen reden. Wir beide arbeiten, damit das Geld reinkommt, und sie gibt es mit vollen Händen aus!»

«Aber, Sabine, das ist doch ihr Geld, nicht unseres!»

«Klar, aber sie hätte zum Ballettkursus von Ulrike schon noch ein bißchen mehr beisteuern können und zu dem ganzen Outfit. Statt dessen verjubelt sie ihr Geld jetzt im Hilton. Das kostet mit Taxi, jawohl Taxi, hin und zurück, alles in allem mindestens 60 Mark!»

«Nun laß der alten Dame doch das Vergnügen! Wir werden ja auch mal alt und wollen nicht versauern!»

«Ja, nimm deine Mutter nur in Schutz! Tust du ja immer! Aber du wirst es ja erleben. Da müssen wir unser Leben in Zukunft ganz schön einschränken. Sie nimmt uns unsere ganze Freiheit...!»

KAPITEL 1

▷ Gewinnen Sie neue Lebensenergien!

Die Oma, die in dem soeben belauschten Gespräch ihrer Schwiegertochter einige Probleme bereitet hat, spürt offensichtlich sehr genau, was ihr neuen Schwung gegeben hat. Einen Schwung, den sie um so mehr braucht, je mehr sie sich vorher in Verpflichtungen eingebunden fühlen mußte, die ihr mehr Energien raubten, als sie ihr zurückzugeben vermochten. Jahrelang hat sie ihren gealterten Mann pflegen müssen, ihren Theo, der auf seine Jahre immer unbeweglicher wurde und zuletzt nur noch auf dem Sofa hockte. Nun mußte sie sich in das Leben einer Witwe hineinfinden.

Schon die große Reise, wie weit auch immer sie die alte Dame geführt haben sollte, erfüllte sie mit Lebensfreude.

Lebensfreude bedeutet stets einen Energiegewinn!

Daß sie auf ihrer großen Reise den ebenfalls verwitweten Robert kennenlernte, ist für sie – wie man zu sagen pflegt – ein Geschenk des Himmels; denn auch die Freundschaft zu diesem Mann läßt ihr offensichtlich neue Energien zufließen. Sie fühlt sich mit einem Mal wieder stark genug, Neues kennenzulernen – sogar eine so schwierige Sprache wie Chinesisch. «Du – in deinem Alter!» argwöhnte Sabine. Ja, mit einem neuen Energieschub wird vieles möglich, das andere ungläubig bestaunen werden. Die Reise hat aber noch mehr bewirkt: Das Frühstück in einem Grandhotel mit dem quirligen Leben, umgeben von Menschen anderer Kulturen, bedient von freundlichen Serviererinnen und verlockend durch die Mannigfaltigkeit des Buffets verhilft ihr zu einem herrlichen Start in einen neuen Tag.

Unsere Oma, die gar nicht mehr wie eine Oma wirkt, bietet ein willkommenes Beispiel für eine Übung, der sich jede oder jeder unterziehen sollte, der nun – in seinen vorgerückten Jahren – noch einmal durchstarten möchte:

Es geht darum, eine Energie-Inventur zu machen. Das kommt vielleicht dem einen etwas bürokratisch vor, dem anderen gar esoterisch. Dahinter steckt aber nicht mehr und nicht weniger, als sich einmal Gedanken darüber zu machen:

▷ Woraus, aus welchen Ereignissen und Erlebnissen, aus welchen Quellen fließt mir eigentlich Lebensfreude zu? Aus welchen würde mir sehr wahrscheinlich sehr viel Lebensfreude beschert werden, wenn ich sie mir erschließen könnte?

Jetzt nämlich, wo Sie sich etwas von den bisherigen Lasten und Verpflichtungen befreien können, bietet sich wahrscheinlich die letzte Chance für Sie, sich auch geheime Wünsche zu erfüllen!

Erst im zweiten Schritt sollten wir auch den Mut aufbringen, aufzulisten:

▷ Welche Ereignisse, Erlebnisse und Umstände rauben mir Lebensfreude, kosten mich Kraft und Energien? Welche engen mich ein und schaffen mir Verdruß, auch wenn ich sie bisher auf mich genommen habe, weil ich frühzeitig lernen mußte, Opfer zu bringen und mich selbst und meine Wünsche zurückzunehmen.

Es ist sehr zu empfehlen, sowohl die Energie-Quellen als auch die Energie-Räuber aufzuschreiben. Wir haben sie dann im wahrsten Sinne des Wortes vor Augen und können uns damit besser auseinandersetzen. Ein Muster finden Sie in Abbildung 1. Zunächst brauchen Sie nur die Zeilen auszufüllen. Auf die Kreise und Pfeile kommen wir später zu sprechen.

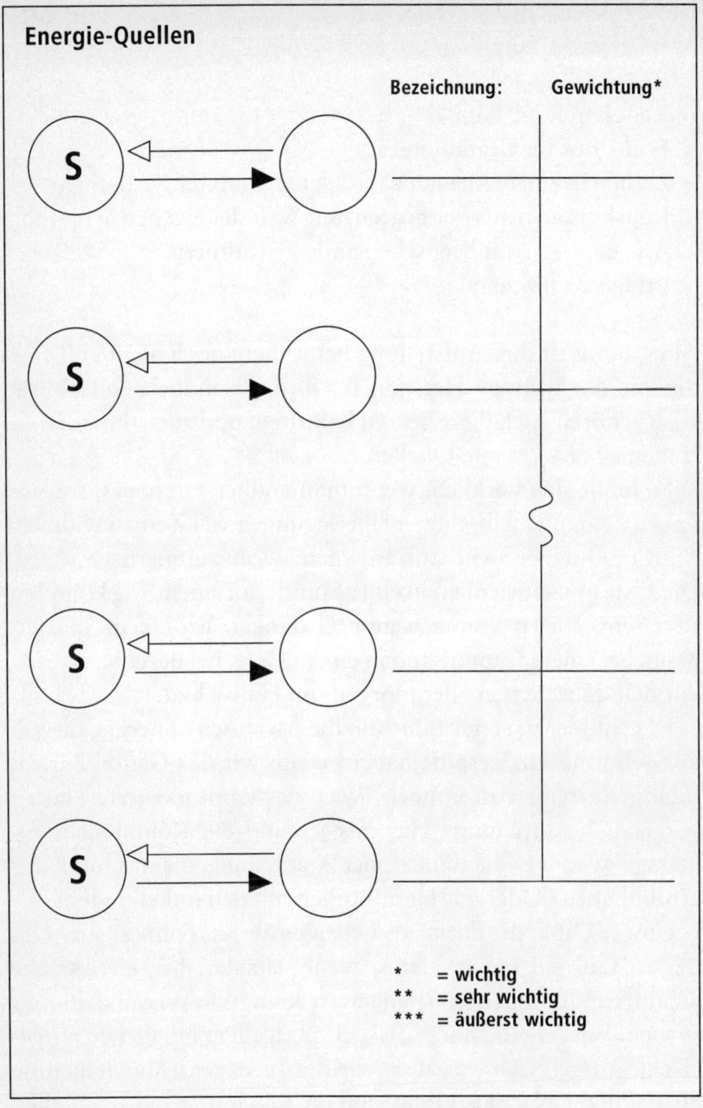
Energie-Quellen
Bezeichnung:
Gewichtung*
S
S
S
S
* = wichtig
** = sehr wichtig
*** = äußerst wichtig

Abbildung 1

Unsere lebenslustige Oma könnte zunächst einmal auf ihren Lebensfreude-Zettel schreiben:

Robert
Reisen in ferne Länder
Frühstück im Grandhotel
Lernen in einem kleinen Kreis gleichgesinnter Menschen
Rauskommen aus der begrenzten Welt der eigenen Wohnung
Begegnungen mit Menschen anderer Kulturen
Bridge-Kränzchen

Aber damit ist ihre Aufstellung bei weitem noch nicht vollständig. Sie dankt ihrem Herrgott für ihre Gesundheit und Fitneß. Also gehören auch diese beiden Faktoren, und auch ihr Gottvertrauen zu den Energie-Quellen.

Es lohnt sich wirklich, wenn man endlich ein neues, freieres Leben beginnen will, diesen Überlegungen viel Zeit zu widmen. Man muß dabei nicht stur an einem Wohnzimmertisch sitzen. Die Liste muß auch nicht in einer Stunde, an einem Tag komplettiert sein. Vielen kommen gute Gedanken bei einem Spaziergang, bei einem Cappuccino in einem Café, bei dezenter Musik, vor dem Einschlafen oder morgens im Halbschlaf.

Es geht hier in erster Linie um die psychische Energie, die wir alle schon in uns gespürt haben, wenn wir das Gefühl hatten, Bäume ausreißen zu können. Was war dann passiert? Hatten wir eine Verabredung? Hat uns jemand ein Kompliment gemacht? Waren es die Bilder einer Ausstellung, die uns mit Kraft erfüllt haben? Oder das Herumtollen mit den Enkelkindern?

Unsere Oma, die ihr neues Leben entdeckt, erinnert sich z. B. daran, daß sie immer dann, wenn Ursula, ihre altvertraute Schulfreundin aus Berlin, angereist kam, wie verwandelt war. Wie ein Wirbelwind hat die Uschi sie zu allem möglichen mitgerissen. Ausgelassen waren sie wie die Teenager. Dann haben sie bis tief in die Nacht geklönt, sind ins Kabarett gegangen, haben eine Bergtour unternommen – und waren sich sehr, sehr nahe.

Also wird sie auch Ursula als eine ihrer stärksten Energiequellen mitauflisten und alles das, was ihr zusammen mit ihrer Freundin so viel Vergnügen bereitet hat.

Neues Leben zu zweit

Bisher war nur von der Oma aus dem belauschten Gespräch die Rede. Es ist jedoch zu hoffen, daß möglichst viele Paare gemeinsam in Gesundheit und Unternehmungslust jenen Zeitpunkt erleben, in dem sie sich sagen können: «Jetzt wollen wir endlich auch einmal an uns denken können! Jetzt wollen auch wir mal unser Leben frei gestalten können, ohne immer auf andere Rücksicht nehmen zu müssen und die eigenen Wünsche hintanstellen zu sollen.»

In diesem Falle sollte jeder der Partner ganz für sich allein die beschriebene Energie-Inventur vornehmen, ohne sich durch den Gedanken beeinflussen zu lassen, daß der Partner diese Notizen zu sehen bekommt. Es sollen ja gerade auch die geheimen Wünsche notiert werden, auch die bisher stets unterdrückten Bedürfnisse, von deren Erfüllung man sich einen Zustrom an Energie erwartet. Wer die Energie-Inventur immer mit Blick auf den Partner erstellt, wird sich vielleicht einer Selbstzensur unterwerfen, sich zurücknehmen – und wäre dann wieder nicht frei. Wieweit die Partner ihre Aufzeichnungen einander offenbaren, sollte einem späteren Gespräch vorbehalten bleiben.

Jeder der beiden fragt sich also wie oben beschrieben: «Woher fließen meine psychischen und physischen Energien? Was bereitet mir Freude? Wer oder was gibt mir Kraft? Woraus würden mir insbesondere in der Zukunft zusätzliche Energien zufließen?»

Bewährt hat sich dabei eine Form, wie sie in Abbildung 1 dargestellt ist. Die Kreise mit dem «S» auf der linken Seite stellen die eigene Person dar. In die Zeilen auf der rechten Seite werden die Energie-Quellen eingetragen. Diese Bezeichnungen sind mit den S-Kreisen durch zwei Pfeile verbunden, wobei der obere die Wirkung auf die eigene Befindlichkeit symbolisiert. Man kann diese Pfeile sehr dick nachziehen, wenn der Energiezufluß sehr stark ist, man kann sie so lassen, wie sie sind, wenn die Wirkung als spürbar, aber nicht besonders stark empfunden wird. Über den unteren Pfeil werden wir später sprechen.

Kehren wir noch einmal zur belauschten Oma zurück. Sie erinnern sich: Sie hatte ihren neuen Freund Robert als Energiequelle benannt. Es ist natürlich sehr schön, wenn eine befreundete oder geliebte Person in ihrer ganzen Persönlichkeit und allen ihren Verhaltensweisen als Energie-Quelle bezeichnet werden kann. Manchmal ist es aber so, daß der Freund oder die Freundin, der Partner oder die Partnerin zwar mit wesentlichen Eigenschaften und Aktivitäten als Energie-Quelle empfunden wird, aber nicht mit allen. Dann sollte man den Mut haben, die energiespendenden Wirkungen hier zu notieren, die energieraubenden auf einem anderen Blatt. Die Oma würde daraufhin vielleicht schreiben:

▷ Roberts Unternehmungslust
▷ Roberts Wissen und Belesenheit
▷ Roberts Zärtlichkeit und Einfühlungsvermögen (womit sie vielleicht auch seine sexuellen Verführungskünste gemeint haben mag. Aber so was schreibt man vielleicht nicht gar so offen, auch wenn es nur Notizen für einen selbst sind)
▷ Roberts Selbstsicherheit und Courage

Gerade was den Partner oder Freund (und jeweils ist grundsätzlich stets auch der entsprechende weibliche Part gemeint) betrifft, sollte man ehrlich unterscheiden, womit er einem Energie gibt – und womit er einem auch häufiger «den letzten Nerv tötet».

Gerade jetzt brauchen Sie viel Energie!

Wer endlich sein eigenes Leben leben will, frei sein will für neue Erlebnisse, für das Durchstarten im Alter, der braucht – gerade in fortgeschrittenen Jahren – sehr viel Lebensenergien. Daher ist es unerläßlich, auch zu notieren, wodurch man glaubt, sehr viel Kraft und Schwung zu verlieren. Es geht hier um die Energieräuber, die Energielecks, durch die vielleicht manchmal in wenigen Sekunden soviel Mut, soviel Elan verlorengeht, daß man verzweifeln möchte. Diese negative Seite der Energie-Inventur erfordert sehr viel Ehrlichkeit, Eingeständnisse, die sehr häufig nicht leichtfallen. Aber man darf vor diesen energiezehrenden Faktoren nicht die Augen verschließen.

In der Form geht es ebenso wie bei den Quellen (siehe Abbildung 2). Links sind wieder die S-Kreise, rechts die Zeilen, in die man die Energieräuber einträgt. Wieder sind die Kreise mit den Eintragungen durch Pfeile verbunden, wobei der obere, der auf den jeweiligen S-Kreis zeigt, in der Strichstärke andeuten könnte, wie stark die entsprechenden Energieverluste eingeschätzt werden. Schauen wir mal auf ein Beispiel:

- ▷ Finanzielle Sorgen
- ▷ das Ausflippen von Mike (Enkelsohn)
- ▷ Roberts Raucherei
- ▷ die Rückenschmerzen
- ▷ die Angst vor Krebs
- ▷ die Angst vor dem Altersheim
- ▷ die Schlaflosigkeit
- ▷ keine rechte Aufgabe mehr erkennen
- ▷ die drohende Scheidung von Renate (Tochter)
- ▷ ...

Es macht nichts, daß das ein bißchen durcheinandergeht. Ordnen kann man das später, wenn es überhaupt sein muß.

Es hieße, sich Illusionen zu machen, wollte man diese Energie-

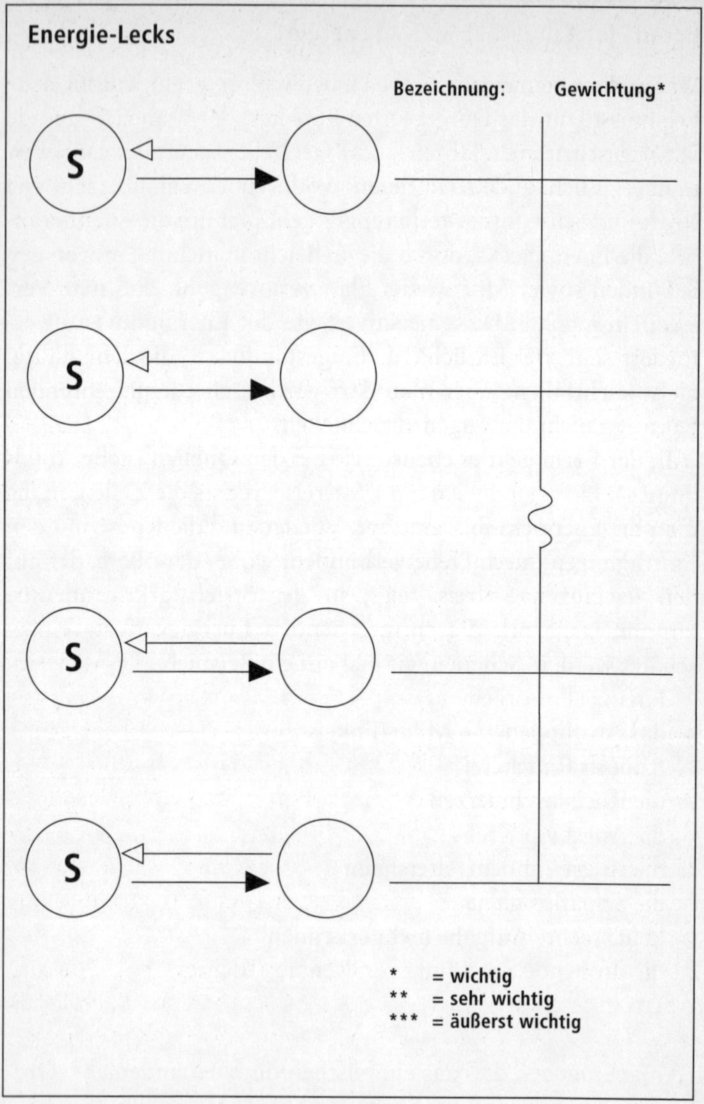
Energie-Lecks
Bezeichnung:
Gewichtung*
S
S
S
S
* = wichtig
** = sehr wichtig
*** = äußerst wichtig

Abbildung 2

lecks einfach ignorieren. Sie mindern die Lebensfreude, die Lebenskraft und Zuversicht – und haben damit direkte Auswirkungen auf die Gesundheit. Wer ständig gegen Sorgen, gegen Depressionen, gegen Ärger ankämpfen muß, mindert damit die Immunkräfte des Körpers, also jene körpereigenen Abwehrkräfte, die Krankheiten – auch Krebs – in Schach halten. Man steht dann morgens schon mißmutig auf, häufig nach einer unruhigen Nacht.

Im schlimmsten Falle greift man zum Alkohol, um die Sorgen darin zu ertränken.

Ganz wie Wilhelm Busch gedichtet hat: «Es ist ein Brauch von alters her, wer Sorgen hat, hat auch Likör...» Auch Nikotin bietet sich an, nach dem Motto: Jetzt (b)rauche ich erst mal ein Zigarettchen. Und das mehrmals am Tag. Auch Süßigkeiten sind beliebt als Tröster – ganz wie in der Kindheit, als es von den Eltern ein Bonbon gab, wenn man sich weh getan hatte.

Oder übermäßiges Essen. Wenn die Welt schon so unerfreulich ist, dann will man sich selbst wenigstens was gönnen. Alle diese aufgeführten «Dämpfungsmittel» kann man getrost gleich mit zu den Energieräubern schreiben; denn sie sind sämtlich trügerisch. Sie lösen keine Probleme, sondern schaffen auf die Dauer, je nach Menge und Häufigkeit, neue Probleme, begünstigen Erkrankungen, heftige Stimmungsschwankungen, Blutdruckveränderungen, Herzbeschwerden. Man kann sie getrost «gefährliche Liebschaften» nennen*, denn sie kommen in der Verkleidung von Energiequellen daher, man glaubt, sich damit fit zu machen, aber in Wirklichkeit täuschen sie uns über ihre Gefährlichkeit hinweg.

Es ist also erforderlich, sich Gedanken zu machen und diese in echte Pläne einfließen zu lassen, wie man mit den Energieräubern fertig werden will. Jetzt besinnen wir uns auf jene Pfeile, die

* so auch in Siegert, Werner: «Selbst-Management und Liebe – Mehr Lebensenergien», München 1991, Seite 122ff

vom S-Kreis auf die Kreise neben den Eintragungen weisen. Diese fragen:

Was werden Sie dagegen unternehmen? Wie wollen Sie diese Angelegenheit regeln?

Ihr Leben ist kein unerschöpfliches Gefäß!

Es ist Ihnen vielleicht nicht so bewußt geworden, daß hier sehr viele Wörter gebraucht wurden, die etwas mit einer Flüssigkeit zu tun haben: Fließen, Quelle, Ströme, Lecks, versickern. Nicht ohne Grund sprechen wir von «Kraft schöpfen», aber auch von «Erschöpfung». Diesen Bildern liegt die Vorstellung zugrunde, als ob unser Leben einem Krug gleicht, der von Lebens- und Energiequellen gespeist wird. Aus diesem Krug schöpfen wir, wenn wir anderen etwas zufließen lassen, vielleicht im Überfluß. Manchmal quellen wir über vor Freude. Wenn wir jedoch ständig etwas aus diesem Krug herausschöpfen, ohne daß von irgendeiner Quelle wieder etwas zurückfließt, ist der Krug bald leer, er ist «erschöpft»!

Der Krug kann sich jedoch auch schnell leeren, wenn er Lecks aufweist, durch die ständig Lebensenergie abfließt. Leider fließt dann sogar sehr viel mehr Energie ab, als durch die Energiequellen hinzufließen kann. Nähme man das hin, so würde sich das «Gefäß unseres Lebens» zügig leeren.

Wie kann man dieser Energieräuber Herr werden? Jetzt noch, in diesem Alter? Es gibt prinzipiell drei Wege, die von amerikanischen Selbst-Management-Experten lapidar schlagwortartig bezeichnet werden:

LOVE IT – or LEAVE IT – or CHANGE IT!

Versuchen wir, diese drei Rezepte in unsere deutsche Sprache und Denkungsart zu übertragen.

LOVE IT heißt soviel wie: Freunde dich damit an! Akzeptiere das! Sieh darin nicht das Negative, sondern das Positive! Wende nicht soviel Kraft auf, dich dagegen zu stemmen!

Vielleicht ist das Ausflippen von Mike nur aus der Sicht der Oma so schlimm: Seine grün-violetten Haare, seine unmögliche Kleidung, sein Benehmen, die Wörter, die er gebraucht, sein Gammeln – das alles geht ihr gewaltig auf die Nerven. Aber was kann sie ändern? Er selbst ist für sein Leben verantwortlich – und die Oma – hier stellvertretend für Sie! – zunächst einmal für das ihre! Wenn die Oma sich krank ärgert über ihn, hilft ihm das überhaupt nichts. Im Gegenteil: Wenn sie sich ihm als lebenslustig, fit und zielstrebig präsentiert, wird er sie eher respektieren: Toll – diese Oma! Toll diese Großeltern, die mit der Zeit gehen! Die nicht auf der Ofenbank hocken bleiben, sondern endlich was erleben wollen.

Ähnlich geht es mit Renates drohender Scheidung. Die Oma macht sich Sorgen, vielleicht sogar Vorwürfe, daß es mit der Ehe nicht geklappt hat. Ehen wurden unter den jetzt schmeichelnd als «Senioren» bezeichneten älteren Menschen noch fürs Leben geschlossen. Scheidungen gelten demnach als Katastrophe. Die Scheidung der Tochter, da fragt man sich vielleicht: Was habe ich falsch gemacht, daß Sabine ihren Mann nicht zu halten vermochte? Habe ich sie nicht genug vor diesem Kerl gewarnt? Das alles bringt nichts. Die Vergangenheit ist vergangen. Man kann sie nicht reparieren. Nur die Zukunft kann man gestalten. Aber Ihre eigene Zukunft in erster Linie! Nicht die der Tochter! Man kann ihr zuhören, ihr Fragen stellen, ihr – wenn überhaupt – mit der eigenen Lebensweisheit nützliche Ratschläge geben. Bedenken Sie aber: Rat-Schläge sind auch Schläge. Sabine ist alt genug, um ihre Probleme zu meistern. Das soll sie auch; denn daran wird sie wachsen. Auch ihr ist in keiner Weise damit geholfen, daß sich die Oma über ihr Schicksal im wahrsten Sinne des Wortes krankärgert. Oder will sie ihr auch noch eine kranke Mutter aufbürden? Es ist nicht gar so selten, daß Mütter ihren Kindern anlasten, daß ihr Verhalten der Auslöser für ihre Krankheiten gewesen wäre.

Die finanziellen Sorgen? Wie begründet sind sie denn eigentlich? Wofür reicht das Geld nicht? Wäre die eigene Existenz bedroht, könnte man sich damit sicher nicht anfreunden. Drücken hohe Schulden, müßte man sich beraten lassen. Glaubt man, die Ersparnisse seien nicht sicher und zinsbringend genug angelegt, sollte man einen seriösen Kapitalanlageberater befragen. Aber wenn sich nicht alle Wünsche erfüllen lassen, ist das kein Drama. Vielleicht findet sich sogar eine Nebenverdienststelle? Wo kann man aushelfen?

Die Schlaflosigkeit? Die Erfahrung zeigt, daß alle, die dagegen ankämpfen, sei es mit Tabletten, mit Tee, mit Verzweiflung, das Übel noch viel stärker machen. Eine Psychotherapeutin wußte einen guten Rat: Stehen Sie auf! Wenn Sie nicht schlafen können, sind Sie nicht müde. Setzen Sie sich in den gemütlichen Sessel und lesen ein Buch, schreiben einen Brief, lösen Sie Kreuzworträtsel. Beginnen Sie, Ihre Schlaflosigkeit zu lieben (LOVE IT!), denn sie beschert Ihnen wache Lebenszeit. Wahrscheinlich werden Sie dann bald wirklich müde, legen sich wieder hin und schlafen ein. Ältere Menschen brauchen nicht mehr so viel Schlaf – und: Der Körper holt sich in der Regel das Quantum Schlaf, das er braucht. Und wenn es dann beim Mittagsschläfchen ist. Wir kommen später noch einmal darauf zurück.

LEAVE IT – muß keine Katastrophe sein!

LEAVE IT heißt: Laß los! Trenne, löse dich davon! Mach Schluß damit! Lieber ein Ende mit Schrecken als ein Schrecken ohne Ende! LEAVE IT kann aber auch heißen: Klammere dich nicht so fest daran, sondern laß ein bißchen locker. Und es kann heißen: Erlöse dich davon!

Da sind die Rückenschmerzen. Was tut die Oma dagegen? Rafft sie sich auf und geht endlich zum Orthopäden? Er wird ihr helfen. Sollte sie in eine «Rückenschule» gehen oder versuchen, sich in einem guten Kurbad von ihren Schmerzen erlösen zu lassen? Nun – wir werden noch einiges von dieser Oma zu lesen bekommen!

Die Angst vor dem Altersheim? Unbekanntes erzeugt Angst. Vielleicht hilft es schon, wenn Sie sich informieren? Es gibt auch viele neue Wohnformen im Alter. In diesem Buch werden einige davon behandelt.

CHANGE IT: Ändere, was du ändern kannst! Ändere deine Art und Weise, mit dem Problem umzugehen! Vielleicht tust du bisher das Falsche? Es ist zwar gut gemeint; gut gemeint ist aber häufig das Gegenteil von wirklich gut. CHANGE IT mahnt aber oft auch CHANGE YOURSELF, also ändere dich selbst. Das ist auch im Alter noch möglich. Neue Lebensformen im Alter – das erfordert von uns geradezu eine neue Einstellung zu den Dingen, eine Abkehr vom Üblichen.

Roberts Raucherei – na ja, wenn er der Oma ständig die Wohnung verqualmt und sie zum Passivrauchen nötigt, kann man sich schlecht damit anfreunden. Aber man kann vielleicht Änderungen vereinbaren: Rauchen nur noch auf dem Balkon? Rauchen nur noch im geringen Maße? Zu einer Entwöhnung raten? Jedenfalls nicht still vor sich hin dulden, die Faust in der Tasche ballen und nachts den kalten Rauch aus den Gardinen in der Nase spüren.

Erkennen Sie Ihr persönliches Energienetz!

Nehmen Sie unsere Oma, die eigentlich noch gar keine Oma sein will, lediglich als Beispiel, das Ihnen hilft, auch wenn Sie ein Mann sind, oder wenn Sie ein Paar sind, verheiratet oder unverheiratet.

Nun gibt es Fälle, in denen man weder dem LOVE IT, noch dem LEAVE IT, noch dem CHANGE IT folgen kann. Wir wollen gerade in diesem Buch nicht die Augen verschließen. Das Alter ist leider oft mit mannigfachen Leiden, mit schmerzlichen Erlebnissen und scheinbarer Hoffnungslosigkeit verbunden.

Da ist ein Partner, eine Freundin oder ein Freund von der Alzheimerschen Krankheit gezeichnet. Es gibt wenige lichte Minuten und viele unendlich schmerzliche Erlebnisse der Hilflosigkeit, der Erbarmungswürdigkeit. Man muß unermüdlich helfen, Windeln wechseln, den Körper reinigen, das Bett frisch beziehen, und man wird dabei beschimpft. Die eigenen Kräfte erlahmen. Nicht immer hat man eine Pflegekraft, insbesondere nachts nicht. Und nun kommt so ein Buchschreiber daher und sagt neunmalklug: Freunde dich damit an! Laß los! Ändere etwas oder ändere dich! Hätten wir nicht Verständnis dafür, daß er zu klagen beginnt:

> «Alles Humbug! Alle diese Rezepte versagen bei mir! Ich weiß, daß ich erschöpft bin! Dazu brauche ich keine Energie-Inventur! Wer nicht davon betroffen ist, kann nicht wissen, wie oft ich am Ende bin. Ich würde mit mir selbst Schluß machen, leave it total! – wenn da nicht ein armer, armer Mensch wäre, der mich ein Leben lang begleitet hat. Ich kann ihn doch jetzt nicht in seinem Elend alleinlassen?»

Was wollte man dagegen sagen? Nur eine Frage noch an ihn:

Woher nehmen Sie die Kraft? Warum ist das Gefäß Ihres Lebens doch noch nicht so ganz leer?

Gehören Sie auch zu denen, die da sagen: «Ich bete, bete, bete, daß mir der Herrgott, wenn es ihn denn gibt, die Kraft für die nächste halbe Stunde, den nächsten Tag gibt!»

Oder zu denen, die da sagen: «Dann kommt mein Kätzchen und umschmeichelt mich, miaut mich an, und wir sprechen miteinander. Sie versteht mich ganz genau!»

Oder zu denen, die ganz still verraten: «Morgen, wenn die Pflegerin kommt, dann gehe ich mal durch den Park, dann gehe ich zu einer Freundin, da kann ich mich fallenlassen, da kann ich weinen, da bekomme ich einen Kaffee – und vielleicht auch ein bißchen Zärtlichkeit für die Seele, vielleicht auch für meinen Körper! Und dann, ja, dann geht es wieder.»

Was diese drei auf ihre Weise tun, andere auf ihre Weise, entspricht dem vierten Rat:

Kompensieren Sie den permanenten Energieverlust durch einen permanenten Energiezufluß, komme er aus Ihrem Glauben an Gott, Ihrer Hinwendung zu Christus oder einer anderen Form der Religiosität, komme er aus der Zärtlichkeit, die einem ein geliebtes Tier zukommen läßt, aus dem Anblick der Natur, aus dem Kaffee bei der Freundin, aus dem Anschmiegen an einen anderen Menschen, sei es seelisch oder körperlich. Im angloamerikanischen Jargon hieße das COMPENSATE IT!

Was dieses erste Kapitel Ihnen abgefordert hat, war nicht leicht. Viele lesen darüber hinweg, nicken mit dem Kopf, finden alles ziemlich einsichtig, aber tun weiter nichts. Die füllen die Bogen nicht aus, schreiben nichts in eine Kladde. Schade eigentlich; denn sie hätten viel mehr davon. Den Nutzen entfalten solche Aufzeichnungen in allen folgenden Kapiteln.

Wenn Sie wirklich nach neuen Lebensformen in Ihrem Alter suchen und diese nach Möglichkeit auch verwirklichen wollen, muß doch die Ausgangsbasis klar sein. Dann müßten Sie nicht nur die Quellen Ihrer Lebensfreude klarer sehen, sondern auch die Faktoren, die Ihnen auf die Nerven gehen und an Ihren Kräften zehren.

Wenn Sie sich einen Überblick verschaffen wollen, wie das alles um sie herum auf Sie einwirkt, dann tragen Sie die wichtigsten Energiequellen und -räuber jetzt in Ihr ganz persönliches Energienetz ein (Abbildung 3).

Da gibt es einen inneren Kreis von Knotenpunkten, einen mittleren und einen äußeren. In den inneren Kreis gehört alles, was Ihnen sehr nahe ist, in den mittleren die wichtigen Faktoren Ihres Lebens, in den äußeren, was Ihnen auch wichtig ist. Das

Markieren Sie Ihr persönliches Energienetz!

Woher beziehen Sie Ihre psychischen Energien? – Wo gehen Sie verloren?

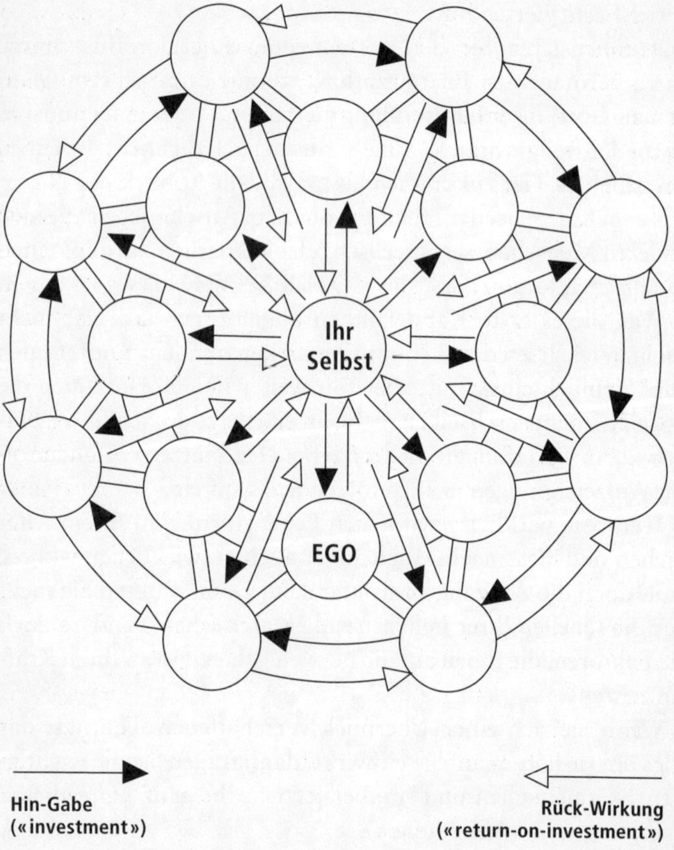

Abbildung 3

Beispiel auf Seite 32 (Abbildung 4) zeigt Ihnen, wie so etwas aussehen könnte.

Wenn Sie genau hinschauen, wird Ihnen ein ganz, ganz wesentlicher Tatbestand auffallen: Alle Knoten in Ihrem Energienetz sind miteinander verbunden. Das bedeutet, daß positive Energieströme sich auf Ihr ganzes Netz auswirken: Freude über Ihre Enkel, ein schönes Liebesleben, das Gefühl von Lebenssicherheit, Ihre Liebe zur Musik – alles wirkt sich gleichzeitig auf Ihre Gesundheit und Fitness, auf Ihren Freundeskreis, auf Ihre Unternehmungslust aus. Man hat zum Beispiel festgestellt, daß Menschen, die ein Tier um sich haben, viel gesünder sind und länger leben. Hunde gelten insbesondere als lebensverlängernde Gefährten, und dies nicht nur, weil sie Herrchen oder Frauchen zu regelmäßigen Spaziergängen zwingen. Nein – hier zeigt sich ganz deutlich, daß eben die Liebe zu einem Tier und die Anhänglichkeit dieses Tieres als Energie in das gesamte Energienetz einfließt und alle übrigen Netzknoten positiv beeinflußt.

Leider gilt auch, daß sich alle negativen Energieströme bis hin zum totalen Kurzschluß negativ auf alle Knoten im Energienetz auswirken. Der Ärger mit dem Nachbarn, die Verzweiflung über die ausgeflippte, drogensüchtige Enkeltochter, Ihre Sorge um den ständig in ferne Länder reisenden Sohn, das Zerwürfnis mit einem Freund – das alles schlägt auf die Gesundheit zurück, auf Ihre Ausstrahlung gegenüber anderen Menschen, auf Ihren Mut zu schönen Aktivitäten usw.

Um so dringender ist es, sich darüber Klarheit zu verschaffen! Weichen Sie dem nicht aus! Gerade dann, wenn Sie Angst vor der Wahrheit haben. Denn Ihr Ziel muß sein: Die kostbaren Jahre, die Sie jetzt noch vor sich haben, kraftvoll zu gestalten und zu erleben. Neue Lebensformen wollen Sie ausprobieren. Jetzt wollen Sie endlich leben und etwas erleben!

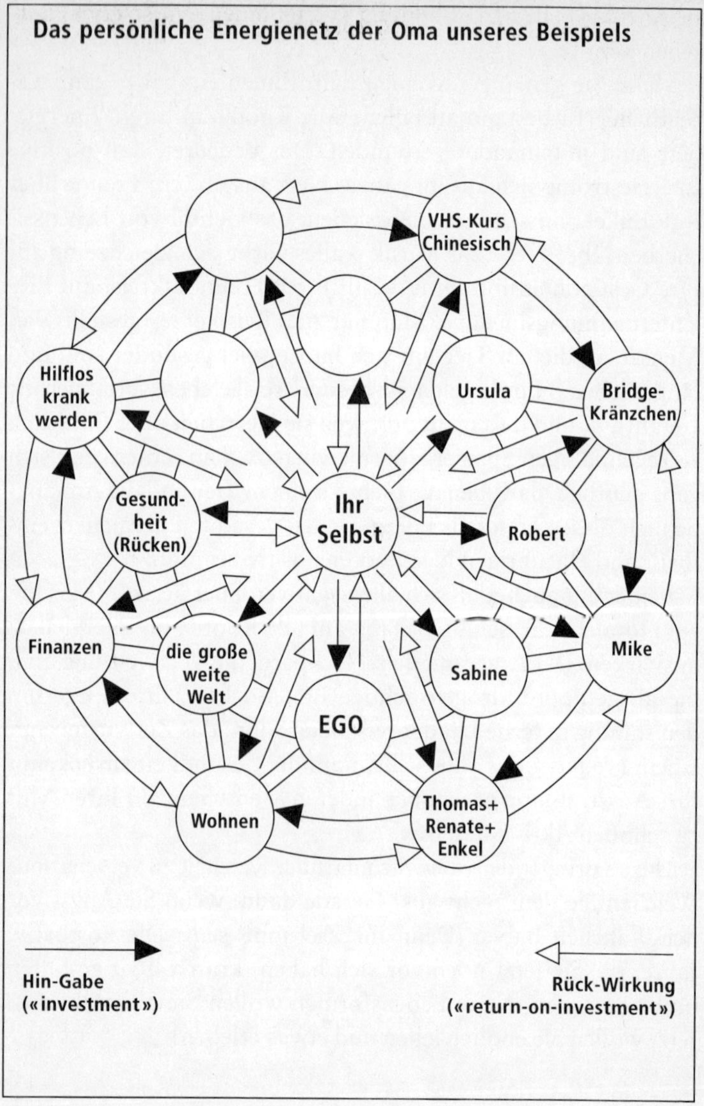
Das persönliche Energienetz der Oma unseres Beispiels
VHS-Kurs Chinesisch
Hilflos krank werden
Ursula
Bridge-Kränzchen
Gesund-heit (Rücken)
Ihr Selbst
Robert
Finanzen
die große weite Welt
Sabine
Mike
EGO
Wohnen
Thomas+ Renate+ Enkel
Hin-Gabe («investment»)
Rück-Wirkung («return-on-investment»)

Abbildung 4

Darf man sich selbst lieben?

Da wäre noch etwas, das Ihnen wahrscheinlich in diesem Energienetz aufgefallen ist. Ein Feld ist bereits mit einer Bezeichnung versehen: EGO. Das ist lateinisch und heißt «Ich». Diese Linien, die zu Ihrem Selbst weisen und von dort zurück, kennzeichnen etwas ganz Wichtiges, nämlich wie Sie mit sich selbst zurechtkommen.

«Liebe deinen Nächsten wie dich selbst!» heißt es in der Heiligen Schrift. Wie dich selbst! Denn wenn Sie sich nicht selbst annehmen können, wenn Sie nicht positiv zu sich selbst stehen und sich schon morgens vor dem Spiegel nicht leiden können, dann fehlt Ihnen eine ganz wesentliche Energiequelle.

Menschen, die ständig an sich herumnörgeln, weil sie sich zu fett, zu faltig, zu schlaff, zu dumm, zu müde, zu ungeschickt vorkommen, verbrauchen im Kampf mit sich selbst bereits soviel Energie, daß das ganze Energienetz darunter leidet – am ehesten die Gesundheit, dann der Partner, meist auch der Freundeskreis!

Vielleicht kennen Sie einen Menschen, der unwahrscheinlich dick ist. Er kann sich in keinen Stuhl mit Seitenlehne setzen, weil er darin steckenbliebe. Man mag sich gar nicht ausmalen, wie er ohne Kleider aussähe. Aber er ist immer lustig, bekennt sich zu sich selbst, er strahlt – kurzum, er ist wahrhaftig «pfundig».

Und Sie kennen sicher auch einen Menschen, der eigentlich alles hat, der glücklich sein könnte, der auch noch ganz gut aussieht, den sie aber um des Himmels willen nicht fragen dürfen, wie es ihm geht. Er wird klagen, wird Ihnen alle seine Zipperlein aufzählen, und wie sehr er im Leben stets zu kurz gekommen ist. Wie gern laden Sie einen solchen Menschen ein?

Es gibt Leute, die sich selbst kasteien. Sie erfüllen sich keinen Wunsch. Sie stehen morgens und abends auf der Waage. Sie kommen sich sündhaft vor, wenn sie ein sexuelles Verlangen spüren. Sie strafen sich mit Arbeit, mit Putzen, mit Waschen.

Alles muß schniegelsauber sein, alles exakt am Platz liegen. Auf sie trifft zu, was der Volksmund meint:

> Menschen, bei denen es sehr aufgeräumt ist, sind meistens nicht sehr aufgeräumt. Und umgekehrt.

Seien Sie aufgeräumt – und nicht immer und zu jeder Stunde Ihre Küche und Ihr Wohnzimmer!

KAPITEL 2

▷ Entrümpeln Sie Ihren Eltern-Speicher!

Es ist sicher ungewöhnlich, daß die Gebrauchsanweisung zu einem Buch, die sich meistens unter Bezeichnungen wie «Einleitung» oder «Vorwort» verbirgt, erst im 2. Kapitel folgt. Aber das Ungewöhnliche ist es ja, das diesen Ratgeber auszeichnen soll.

«Neue Lebensformen im Alter» – dieser Untertitel ist Programm. Über gängige Lebensformen brauchen wir uns nicht zu unterhalten. Darüber ist auch in anderen Büchern vieles geschrieben worden – und es füllt die einschlägigen «Seniorenseiten» in Zeitungen und Zeitschriften.

Neue Lebensformen könnte auch heißen: Wir wollen gar keine «Senioren» sein, nicht als Sonderfälle – und vielleicht auch «sonderliche Fälle» – in einer Gesellschaft angesprochen werden, die so ganz auf Jugend und Jugendkultur eingestellt ist.

«Senioren» – das klingt wie «Raumpflegerin», wie ein Trostwort, das Menschen betätscheln soll: *Es ist ja gar nicht so schlimm! Schau, was wir uns für ein nettes Wort ausgedacht haben!* Wir wollen Menschen sein, die nach einem Leben voller Arbeit, voller Verpflichtungen und Lasten, meist auch noch mit dem Erleben von Krieg, Bomben, Flucht, Vertreibung, nunmehr auch den Anspruch auf schöne Erlebnisse, auf ein wenig «Leichtigkeit des Seins» anmelden. Es ist spät genug dafür. Junge Leute reklamieren diese Leichtigkeit des Seins, diesen Anspruch auf «Fun», auf «Action», auf Freizügigkeit, Ungebundenheit schon von Anbeginn ihres bewußten Lebens. Und sie tun dies und können sich das leisten, weil Sie, die Leser, die Voraussetzungen dafür geschaffen haben: Wohlstand, Vorsorge, soziale Verantwortung, und zumindest den Versuch, Geborgenheit in einer Familie zu bieten.

Jetzt wollen wir keine Senioren sein, die – wie der Norddeutsche sagt – betüttelt werden wollen, sondern Menschen, die in eine freiere Lebensform hineingehen. Dieses Buch will Ihnen ein paar Hinweise geben, was es an neuen Möglichkeiten gibt und geben könnte.

Neue Lebensformen – da werden manche Leser auch gelegentlich zusammenzucken. Denn die Generation, die jetzt im Alter zwischen 60 und 75 (und natürlich auch älter ist), blickt eher auf eine konservative Wert- und Lebensordnung zurück. Da war es eben so, wie es war und wie es Gott gegeben hat. Diese Generation hat gelernt hinzunehmen, zu gehorchen, sich anzupassen. Alles hatte noch seine Ordnung. Man wußte, was sich gehört und was sich nicht gehört.

Noch heute hört man Frauen im Alter um die 60 sagen: Jetzt kann ich doch nicht mehr bunte Kleider tragen! Jetzt kann ich mir doch keine so modischen Schuhe mehr kaufen! Ich kann doch jetzt nicht mehr ins Kino gehen und «solche» Filme ansehen, wobei mit «solchen» Filmen nicht etwa Pornofilme gemeint sind, sondern Filme, die mit Action, Spannung und knisternder Erotik gewürzt sind. Können Sie sich vorstellen, in eine Disco zu gehen? Einmal abgesehen von dem Lärm, dem Raucherqualm und der psychedelischen Beleuchtung? Neue Lebensformen meint, daß wir die selbst – und von unseren Eltern, Großeltern, von der Kirche und anderen Instanzen – geschmiedeten Ketten dort sprengen, wo sie uns einengen und an der Entfaltung unserer Kräfte behindern.

Neue Lebensformen heißt, daß wir den Inhalt unseres «Eltern-Speichers» entrümpeln. Was verstehen wir darunter? Das ist ein Fachbegriff aus der Psychologie.

Ein Denk- und Erklärungsmodell über menschliches Verhalten gründet auf der Beobachtung, daß wir in den ersten zwei bis drei Lebensjahren einen «Kindheits-Speicher» (K) – auch Kind-

Ich genannt – anlegen, in dem wir alle unsere frühkindlichen Gefühle, Freuden, Ängste, Auslöser für Tränen, kostbare Erlebnisse aufbewahren, ein Leben lang. So können bestimmte Gerüche Erinnerungen an unsere Kindheit wachrufen. Bilder aus alten Märchenbüchern können uns wieder verzaubern und an Stunden erinnern, wo uns die allzeit gütige Oma vor dem Schlafengehen etwas vorgelesen hat. Einem Mann wird jedesmal ganz elend und furchtbare Ängste kommen in ihm hoch, wenn er an einer schwelenden Müllkippe vorbeifährt. Dieser Geruch erinnert ihn an die wochenlangen Schwelbrände in seiner Heimatstadt während des Krieges.

Ebenso könnte es sein, daß wir in einem «Eltern-Speicher» oder «Eltern-Ich» (E) alle Erziehungsbotschaften abgelegt haben, die ab dem zweiten bis zum sechzehnten, siebzehnten Lebensjahr auf uns eingewirkt haben: Du sollst, du darfst nicht, du mußt, du hättest eigentlich! Man tut das! Man tut so etwas nicht! Der liebe Gott sieht alles! Wenn du nicht brav bist, dann...! Die «Zehn Gebote», die Schulanordnungen, die Vorschriften der Obrigkeit, alles ist dort abgelegt – und häufig nie in Zweifel gezogen worden. Man ist nun einmal pünktlich! Man hat Ordnung zu halten. Da gibt es nichts dran zu rütteln! Man muß sparen! Oder etwa nicht? Hieß nicht ein Sprichwort, das sich uns eingeprägt hat: «Spare in der Zeit, dann hast du in der Not!»?

«Des Lebens ungemischte Freude ward keinem Irdischen zuteil!» (Schiller)

Haben Sie doch auch lernen müssen – oder? Genießen, mal so richtig sich verwöhnen, mal sich selbst eine Scheibe von der Speckseite des Lebens abschneiden? Mal sagen: Jetzt bin ich einmal dran? Fällt Ihnen das leicht? Oder muß Ihnen die Werbung einen «Genuß ohne Reue!» nahelegen, weil Genuß, ein bißchen Über-die-Stränge-Schlagen immer gleich den Gewissenswurm geweckt hat? Können Sie in die Speisekammer gehen, den Finger in den Honigtopf tunken und genüßlich ablecken?

Jeder von uns hat einen vollgestopften Eltern-Speicher. Jeder mit anderen Inhalten. Da wird manches sehr Wertvolles, Unverzichtbares aufbewahrt. Aber da ist auch manches drin, an dem inzwischen «der Lack ab ist». Da haben sich Dinge eingeschlichen, die sich heute als wertlos und sinnlos herausstellen. Wir sind getäuscht worden – und müssen heute mit der Ent-Täuschung fertig werden.

Es gibt die Gerümpelecke der Vorurteile: Alle Italiener sind faul. Alle Zigeuner stehlen. Oder spielen Schnulzen auf der Geige. Neger sind nun einmal…, Franzosen sind nun einmal… Polen wurden Polacken genannt…, Prostituierte sind bah… Spiel nicht mit den Schmuddelkindern, die sind kein Umgang für dich! Wer Arbeit sucht, der findet auch welche! Alkoholiker sind es schließlich selber schuld! Sex (das Wort kannten wir doch gar nicht – oder?) im Alter ist Schweinkram! Selbstbefriedigung (igitt!) zerstört das Gehirn! Wer zu einem Psychiater geht, der ist nicht ganz klar im Kopf! –

War schon bei dieser kurzen Aufzählung etwas dabei, was auf Ihrem Eltern-Speicher liegen könnte? Und noch tausend solcher schrottreifen Weisheiten mehr? Wir müssen sie entrümpeln!

Ja, es gibt sehr kultivierte Nutten!

Sex im Alter ist eine Quelle von Gesundheit und Wohlbefinden erster Klasse! Jeder schöne Orgasmus macht Sie jünger!

Ersparnisse machen die Erben nicht glücklicher! Je reicher die Erbtante oder der Erbonkel, desto mehr muß man Liebenswürdigkeiten auf die Goldwaage legen. Wünschen sie einem wirklich ein langes Leben? 5000 Mark, die man einem Enkel vererbt, sind vielleicht schlechter angelegt als eine schöne Schiffsreise, die man sich selber gönnt!

Neue Lebensformen heißt: Weg mit dem Gerümpel! Weg mit den Vorurteilen! Weg mit den angeblichen Lebensweisheiten, die in den Lehrbüchern der heute so bezeichneten «Schwarzen

Pädagogik» standen, um aus Kindern willfährige Zöglinge, Menschen ohne eigenen Willen und eigene Persönlichkeit zu züchten.

An manchen Stellen dieses Buches werden Sie vielleicht sogar empört reagieren. Dahinter steht ja kein MUSS. Es sind Anregungen, mit denen der/die eine mehr Lebensfreude, mehr Freiheit, mehr Energie zu erschließen vermag, der/die andere nicht.

Manchmal ist es schon schwer, von «neuen» Lebensformen zu sprechen, weil viele Verkrustungen schon aufgesprengt worden sind. Der ganze Komplex des Wohnens im Alter erfreut sich beispielsweise bereits einer Vielfalt neuer Lösungen.

Was Ihnen nun ganz besonders helfen könnte, eine freiere, erlebnisreiche und lebenswertere Zukunft zu erschließen, offenbart in vieler Hinsicht Ihr Persönliches Energienetz, zu dem Sie das vorige Kapitel hinführen wollte.

Dort werden oder würden Sie erkennen, was Ihnen Lebenslust schenkt und was Ihre Lebenslust schmälert. Es ist wohl einsichtig, daß Sie dort, wo Sie Quellen Ihrer Lebenslust genannt haben, in Zukunft Ihre Aktivitäten verstärkt hinwenden. Es dürfte ebenso einsichtig sein, daß Sie dort, wo Ihre Lebenslust und Lebenskraft geschmälert werden, Gegenmaßnahmen ergreifen müssen.

Das Persönliche Energienetz wird sich übrigens ständigen Veränderungen unterziehen. Ist ein Energieleck beseitigt, stehen mehr Kräfte zur Verfügung. Erkennen Sie und erschließen Sie – vielleicht durch dieses Buch – neue Energiequellen, dann fließen durch alle Vernetzungen kräftigere Ströme. Das wäre die schönste Wirkung, die dieses Buch entfalten könnte.

Alter ist ansteckend!

Zu den Empörungen, die dieses Buch auslösen könnte, und zu den Aussagen, die Widerspruch erwecken werden, gehört auch diese Zwischenüberschrift.

Was soll damit gesagt sein? Wenn Sie sich in Zukunft immer nur unter älteren oder alten Menschen bewegen, also an Senioren-Kaffeekränzchen Ihrer Pfarrei oder eines Wohlfahrtsverbandes teilnehmen, Senioren-Ausflüge oder Reisen mitmachen, sich nur noch mit anderen Bekannten Ihrer Altersgruppe treffen, dann hören Sie nur noch Klagen über Zipperlein und Wehwehchen, Sie lernen, die Welt nur noch aus den Augen älterer Menschen zu sehen, nehmen nur noch die Argumente von Menschen Ihrer Generation wahr. Dadurch werden Sie selber alt.

Nein, Sie müssen sich unter Menschen aller Altersgruppen bewegen. Mischen Sie sich ruhig unter die Jugend. Sprechen Sie junge Leute an! Seien Sie stets offen für deren Lebensansichten und Probleme! Kaufen Sie sich mal eine Jugendzeitschrift wie BRAVO oder MÄDCHEN und lesen sie durch. Nehmen Sie am Leben junger Mütter teil, sprechen Sie junge Väter an. Wenn Sie eine Familie um sich herum oder in Ihrer Nähe haben, werden sich solche Kontakte von allein ergeben. Nur beherzigen Sie bei diesen Gesprächen den Rat: Legen Sie nicht Ihre Maßstäbe an. Kramen Sie nicht alle Lebensgrundsätze aus Ihrem Eltern-Speicher hervor, nach dem Motto: «Als ich so alt war wie du... Wir zu unserer Zeit... Wenn ihr nur auf uns hören würdet!»

Wenn Sie mit den Jungen jung bleiben wollen, lernen Sie die Welt, die Zukunft und die Perspektiven aus den Augen der Jugend wahrzunehmen. Da gibt es manche wertvolle Ansätze – und natürlich manches, das Angst bereitet. Wer aber die Argumente der jungen Leute kennt und ihre Gedanken, gilt nicht als verstaubt, und kann dann besser Erfahrungen aus dem eigenen Erleben einbringen, und zwar gute und schlechte. Die «gute, alte Zeit» war stets auch eine «schlechte, alte Zeit»!

Von Gogos und Slogos...

Es klingt nur paradox, wenn gleichzeitig der Rat an Sie ergeht, sich um Menschen zu kümmern, die wesentlich älter als Sie sind, eventuell krank, schwach, hilfs- und pflegebedürftig. Steckt das nicht auch an? Nein – es läßt Sie dankbar dafür sein, daß Sie noch zu den «Gogos» gehören, vielleicht zu den «Slogos». Sie erfahren Ihre relative Jugend und Beweglichkeit. Sie erkennen die Gnade Ihrer Freiheit und Lebenskraft – und Sie können davon abgeben!

Was sind denn Gogos und Slogos? Diese Begriffe stammen aus dem Amerikanischen. Dort teilt man die älteren Menschen in drei Gruppen ein:

- ▷ Die Gogos, die noch rüstig gehen (to go = gehen), wahrscheinlich noch joggen können. Gogos sind unternehmungslustig, reisen, klettern auf Berge.
- ▷ Die Slogos sind ein wenig behindert. Sie gehen langsam (slow = langsam), wahrscheinlich am Stock oder – je nach ihrer Behinderung – an anderen Gehhilfen. Aber sie gehen noch einkaufen, ins Theater, ins Café. Es geht nur alles etwas langsamer. Dann gibt es noch
- ▷ die Nogos. Diese können nicht mehr auf ihren Beinen stehen, bewegen sich im Rollstuhl, müssen getragen, gebettet, gewaschen werden.

Die Altersentwicklung in den wohlhabenderen Staaten dieser Welt mit guter medizinischer Betreuung, mit dem Rückgang schwerer körperlicher Arbeit, mit der zunehmenden Selbstverantwortung für Fitness des Geistes und des Körpers, hat dazu geführt, daß dort ca. 70 Prozent aller Menschen zwischen 65 und 80 noch zu den Gogos gehören, ca. 25 Prozent zu den Slogos und nur fünf Prozent zu den Nogos, wobei in diesen letzteren Personenkreis natürlich auch die wachsende Zahl der Verkehrsopfer gehört, die durchaus sehr junge Menschen umfaßt.

Ziel dieses Buches ist es, den Gogos ihre geistige und körperliche Beweglichkeit noch lange, lange zu erhalten, aber auch den Slogos noch Möglichkeiten aktiven Lebens aufzuzeigen – jenseits dessen, was «man so eben noch tun kann».

Um möglichst lange ein Gogo zu bleiben, sollte das Training allerdings nicht erst mit Beginn des Rentenalters beginnen. Lange vorher – das heißt für jederfrau/jedermann: sofort! – werden die Weichen gestellt, um jene körperliche und geistige Rüstigkeit, Flexibilität und Lebensfreude herbeizuführen, die den Gogo auszeichnen. Wer diese Weichen zu spät stellt und auf ausgefahrenen Gleisen dahinlebt, in der bequemen Einstellung, es werde schon alles gut gehen, der rangiert sich vielleicht jetzt schon auf ein Abstellgleis.

KAPITEL 3

▷ Das Alter ist weiblich!

Ein Junge hat schon bei der Geburt eine um ca. sechs Jahre geringere Lebenserwartung als ein Mädchen. Männer sterben im Durchschnitt sechs Jahre früher als Frauen. Dieser Abstand hält sich seit 1960 ziemlich konstant. Er liegt in der ehemaligen DDR bei fünf Jahren, paßt sich aber nach der Eingliederung in die Bundesrepublik Deutschland allmählich den westdeutschen Zahlen an.

Ist das Leben einmal fortgeschritten, so verringert sich dieser Abstand. 1990 lag er bei den Sechzigjährigen bei 4,4 Jahren (neue Bundesländer: 3,6 Jahre).

Die Folgen der früheren Sterblichkeit der Männer zeigt sich dann aber in den weiteren Jahren: Bei den über Sechzigjährigen kamen 1992 auf 200 Frauen 100 Männer, bei den über Achtzigjährigen auf 300 Frauen 100 Männer. Bei den über Hundertjährigen waren es 600 Frauen auf 100 Männer, wobei allerdings in dieser Altersgruppe die Kriegsfolgen eine bedeutende Rolle spielen. Eine große Zahl der Männer ist im 2. Weltkrieg gefallen oder schwer verletzt worden.

Wenn man den Mut faßt, einen Ratgeber zu neuen Lebensformen im Alter zu verfassen, ist die Tatsache, daß die Frauen die Männer überleben, von erheblicher Bedeutung.

Zu den Alterswitwen kommt die wachsende Zahl alleinlebender Scheidungswitwen.

Gibt es nun neue Lebensformen im Alter, die für Männer anders aussehen als für Frauen? Und für Paare wiederum anders? Alleinstehende Männer haben ganz sicher andere Interessengebiete als alleinstehende Frauen. Das dürfte bei den heute ins Alter kommenden Menschen noch stärker ausgeprägt sein als bei der heutigen Jugend; denn heute ist der Trend unverkennbar, daß insbesondere junge Mädchen und Frauen den Männern nacheifern. Leider auch in bezug auf lebensverkürzende Risiken: z. B. Rauchen, Trinken, riskantes Auto- und Motorradfahren.

Im Alter spielt das höhere Interesse und Begehren der Männer im Bereich der sexuellen Aktivität eine große Rolle. Gerade die Mehrzahl der Frauen in den Altersgruppen, die jetzt in die sechziger, siebziger Jahre kommen, ist – wie viele wissenschaftliche Untersuchungen erbracht haben – an sexueller Aktivität dagegen nicht sonderlich interessiert. Das betrifft allerdings nur ihr Begehren nach Vollzug des Beischlafs, nicht ihr Sehnen nach Zärtlichkeit und körperlicher Nähe. Darüber wird im nächsten Kapitel Näheres zu lesen sein. Verheiratete oder bereits seit vielen Jahren zusammenlebende Paare geraten hier in ein Spannungsfeld, zumal dann, wenn ihr Sexualleben allmählich zum Erliegen gekommen ist. Der Mann neigt dann wesentlich eher zu kompensierenden Handlungen jeglicher Art als die Frau, wenn er mehr will, als die Frau zu gewähren bereit oder imstande ist. Ist die Frau allerdings bedeutend jünger, so kann auch der umgekehrte Fall eintreten, daß sie ihren Partner überfordert.

Hier Potenz-, dort Imponiergehabe

Verbunden mit dem männlichen Interesse, die Potenz bis ins hohe Alter zu erhalten und zu beweisen, spielen Tätigkeiten aller Art, die als potenzerhaltend gelten, wie z. B. Sport, Fitness, Flirt, Antörnen durch erotische Magazine und Filme, Seitensprünge bis hin zu Bordellbesuchen eine Rolle. Auch post-berufliche Aktivitäten nach dem Eintritt in den Ruhestand, Übernahme neuer Verantwortung, Ergreifen eines neuen Berufes, imponierende Hobbys dienen den Männern als Beweis ihres Könnens sich selbst gegenüber, aber auch als Signal gegenüber Frauen, daß sie «es noch bringen» und diese Frauen auch durch Einladungen verwöhnen könnten.

Frauen über 60 hingegen pflegen eher ihren Körper, um ihre äußere Erscheinung zu bewahren. Fitness, Saunagänge, Diätwochen, Kosmetik-Rituale, Besuche in Beauty-Farmen sollen, den Ergebnissen von Interviews zufolge, nicht bewußt dem Ziel dienen, als Sexualpartnerin attraktiv zu bleiben, sondern eher Selbstzweck sein. Das setzt sich in Schmuck und Kleidung fort. Bei Frauen ist das Imponierbedürfnis gegenüber ihren Geschlechtsgenossinnen ein unverkennbares Motiv für das Herausputzen und den demonstrativen Konsum. Doch ist der Anteil derer, die bereits resigniert haben angesichts ihres alternden Körpers, ihrer Fettleibigkeit, ihrer vorzeitigen Kapitulation vor der Routine des Alltags und ihrer Erschöpfung durch Familienpflichten, auch natürlich wegen ihrer finanziellen Verhältnisse ziemlich groß.

In den kommenden Kapiteln werden diese Verschiedenheiten zu berücksichtigen sein, wird insbesondere zu berücksichtigen sein, daß alternde Frauen überwiegend ihr Leben allein bewältigen müssen – und müßten, sofern sie nicht einige der Wege beschreiten wollen, die ihnen dieses Buch anbietet.

«Es ist nicht gut, daß der Mensch allein sei...»

Dieser Satz aus der Schöpfungsgeschichte behält auch im Alter seine Gültigkeit. Auch die Oma, deren Lebensweg wir in diesem Buch über eine kleine Weile begleitet haben, ist glücklich, wieder einen Robert gefunden zu haben.

Auf einmal für Geld und Finanzen zuständig

Was bedeutet es für die tägliche Lebensführung, wenn über die Hälfte aller Frauen über 60 ohne einen männlichen Partner selbst «ihren Mann stehen müssen»?

Manche, die frühzeitig gelernt haben, auf eigenen Beinen zu stehen, Verantwortung zum Beispiel für Geld- und Finanzangelegenheiten, Steuern, Versicherungen, Haus- und Mietangelegenheiten zu übernehmen, werden auch als Witwe hierin kein sonderliches Problem sehen. Doch wie sieht es bei der Generation aus, die jetzt ins mittlere und hohe Alter gelangt?

Jene, die ihr Leben an der Seite eines Mannes verbracht haben, der ihnen – gut oder schlecht und recht – diese Angelegenheiten der Lebensverwaltung stets abgenommen hat, geraten in große Ängste und Schwierigkeiten. Da gibt es Witwen, die zum ersten Mal in ihrem Leben mit dem Ausfüllen von Schecks und Überweisungsformularen konfrontiert werden. Sie müssen Kontoauszüge und computergefertigte Gas-, Wasser-, Heizungsabrechnungen lesen lernen. Sie werden mit Freistellungsanträgen für Zinserträge zu tun bekommen. Sie kramen Versicherungspolicen aus mehr oder minder geordneten Akten oder Schubladen. Manchmal auch nur einen Safe-Schlüssel – und sind dann überrascht, was der Ehemann da so alles deponiert hatte, wovon sie keine Ahnung haben. Sie finden Steuerformulare und Steuererklärungen im Briefkasten.

Natürlich finden sich schnell Helfer. Vielleicht aus der eigenen Familie. Da ist ein Sohn oder eine Tochter oder deren mehrere. Nur – geschieht deren Hilfe wirklich aus selbstloser Nächstenliebe? Oder dient das Interesse auch oder sogar in erster Linie der Erkundung, was es dereinst zu erben gibt?

Erinnern wir uns an die Oma aus unserem Beispiel: Die Schwiegertochter zuckte schon bei dem Gedanken zusammen, daß sich die alte Dame ein Frühstück im Hilton und noch dazu die An- und Abfahrt mit dem Taxi gönnte.

Wir können unsere Augen nicht vor dem Tatbestand verschließen, daß die Mentalität vieler Menschen unserer Tage vom materialistischen Denken beherrscht ist. Verwandte sind dabei auch nur Menschen – und oft nicht einmal die besseren. Beim Geld hört nicht nur die Freundschaft auf. Fast jeder sucht seinen Vorteil. Handelt er anders, so wird er belächelt. Philanthrop (= Menschenfreund) zu sein, galt früher mal als hohe Auszeichnung, heute gilt man als Außenseiter.

Wo also holen sich die Witwen in diesen Dingen Rat? Da bietet sich natürlich eine große Schar von Beratern an. Schon als Folge einer Todesanzeige in der Tageszeitung flattern aufwendige Werbebriefe, Prospekte mit Visitenkarten – Seriosität durch Wappen, Prägedruck, Titel und oft auch Adelsprädikate erheischend – ins Haus der hinterbliebenen Frau. Wer davon aber handelt wirklich seriös?

Fragen wir die netten Leute in der Bank oder Sparkasse? Die Stiftung Warentest hat herausgefunden, was andere schon an ihrem eigenen Konto schmerzlich zu spüren bekamen: Auch die Bank denkt zunächst an ihren eigenen Profit und erteilt ihren freundlichen Ratgebern am Schalter Weisungen. Die persönliche Bindung, der jahrzehntelange Kontakt von Mensch zu Mensch, der früher die Gespräche in der Sparkasse zu einem fast freundschaftlichen Ereignis werden ließ, ist selten geworden. Die Personal- und Karriereplanung der Kreditinstitute führt zu häufigen Versetzungen. Nein, so sehr es die Guten unter den Mittelmäßigen schmerzen wird: Die Bank oder Sparkasse hat ihre Vertrauensrolle verspielt.

Und der Versicherungsvertreter? Vielleicht ist wenigstens er über die Jahre derselbe geblieben. Aber seine Versicherungsgesellschaft nicht; denn die gehört heute in den meisten Fällen einer Großbank – und dann? Siehe oben!

Ist der Steuerberater sein Geld wert?

Wie ist es mit dem Steuerberater, wenn es einen gibt oder man sich einen leisten möchte? Damit hat man zumindest mit dem komplizierten Steuerkram nichts mehr zu tun. Die Steuergesetze werden von Jahr zu Jahr undurchsichtiger, verworrener. Sie sind geradezu altenfeindlich. Wenn schon jüngere, im aktiven Berufsleben stehende Bürger sich nicht mehr auskennen, um wieviel weniger dann ältere Menschen – und dies sind ja in der Mehrzahl Frauen, die nie etwas mit diesen Angelegenheiten zu tun hatten? – Nur wenige Steuerberater sind aber auch Steuervermeidungsberater. Vermeiden – nicht hinterziehen – ist aber legitim und zur Erhaltung eines lebensnotwendigen Kapitalstocks sogar dringend erforderlich.

Häufig werden nach dem Tod des Ehepartners oder nach Erreichen von Altersgrenzen beträchtliche Summen aus der Lebensversicherung fällig. Wohin damit? Wer sich mit Kapitalanlagen nicht auskennt, liefert diese Beträge rasch der Inflation und der Steuer aus. Oder entschließt sich zu unsinnigen, wenn nicht gar höchst riskanten Anlagen, die nur dann, wenn alles gutgeht, in der Endphase gute Renditen erbringen. Aber was nützt es, wenn die Endphase erst in zehn Jahren erreicht ist? Dann ist man auch wieder zehn Jahre älter. Dann ist die D-Mark verschwunden. Man rechnet mit dem EURO. Kann man sich dann von diesem Geld noch Lebenslust verschaffen? Die Kaufkraft einer D-Mark im Jahre 1964 lag viermal höher als die einer D-Mark im Jahre 1996. Was wird in zehn Jahren sein? – Diese Frage kann Ihnen allerdings auch der beste Anlageberater nicht zuverlässig beantworten. Der Dollar wird zwar noch der Dollar sein – aber mit welcher Kaufkraft?

Frauen müßten Frauen beraten

Schade, daß viele Frauen oft so wenig solidarisch sind. Das ist schon im Berufsleben ein Problem, wo eine der anderen nichts gönnt. Eifersucht – nicht mal so sehr wegen eines Mannes, sondern wegen materieller Dinge – ist nicht selten. Prüfen Sie doch als Frau einmal selbst:

Welcher Freundin würden Sie Einblick in Ihre Vermögensverhältnisse, Konten, Sparbücher, Aktiendepots usw. geben?

Dabei wäre das doch wirklich eine neue Form des Zusammenlebens im Alter, wenn man sich mit anderen zusammentun könnte, um sich gegenseitig zu beraten oder sich beraten zu lassen, aber eben nicht unter vier Augen, sondern unter sechs, acht oder zehn? Wenn man einen der wenigen überlebenden Ehemänner ausleihen könnte, der sich mit den Dingen der täglichen Lebensführung gut auskennt? Also jemanden, bei dem man sicher sein könnte, daß er nicht auf seinen eigenen Nutzen schaut?

Könnten nicht Frauen, die aufgrund ihrer Ausbildung, Berufstätigkeit und Erfahrungen dazu das Rüstzeug mitbringen, Anlaufstellen gründen, wo man sich neutralen Rat holen kann? Wohin man alle diese Formulare, Rechnungen, amtlichen Schreiben tragen könnte, um sich dort helfen zu lassen? Die auch Adressen von bewährten, wirklich seriösen Fachberatern und -beraterinnen kennen und weiterreichen können?

Natürlich hat der Tatbestand, daß im höheren Alter die meisten Frauen ohne männlichen Partner leben oder mit einem Partner, der früher als sie gebrechlich und hilfsbedürftig wird, noch viele andere Konsequenzen. «Ich liebe dich, heißt, ich möchte mit dir zusammen alt werden!» soll André Gide gesagt haben. Das ist leichter gesagt als getan. Gibt es auch dafür neue Lebensformen? Wir werden darauf in den weiteren Kapiteln eingehen.

KAPITEL 4

▷ Lebenswichtig – eine erotische Kultur!

Im allgemeinen werden Kapitel wie diese überschrieben mit «Sex im Alter». Über sexuelle Bedürfnisse und ihre Befriedigung im Alter sind bereits viele Bücher, Broschüren und Artikel veröffentlicht worden. Will man unter dem Aspekt, neue Lebensformen aufzuzeigen, älteren Menschen noch eine wertvolle Begleitung anbieten, so braucht man ganz sicher nicht noch einmal darauf zu verweisen, daß sexuelle Bedürfnisse bis ins hohe Alter bestehen, und zwar sowohl bei Männern wie bei Frauen, und daß von den biologischen und körperlichen Voraussetzungen her beim gesunden Menschen kaum Schranken gesetzt sind, sexuelles Begehren – so es denn gegeben ist – auch auszuleben.

Die in älteren Veröffentlichungen vertretenen Ansichten, alte Menschen hätten kein Verlangen mehr, insbesondere bei Frauen sei mit 60 spätestens alles gelaufen, bei Männern mit 65, lassen sich sämtlich nicht mehr halten. Dazu hat allerdings auch die Tatsache beigetragen, daß bei den «neuen Alten» das biologische Alter – bei entsprechender Lebensführung – bis zu zehn Jahren und mehr vom kalendarischen abweichen kann. Ein kalendarisch Siebzigjähriger kann sich sehr wohl der Potenz und dem Verlangen eines biologisch Sechzigjährigen erfreuen.

Gelebte Sexualität muß auch nicht stets – und dies auch nicht bei jungen Menschen – in Form des Beischlafs ausgeübt werden. Zärtliche Massagen, Petting, Streicheln und Kuscheln, Liebesspiele können zu einer beglückenderen Erfüllung führen, wenn beide Partner darin harmonieren.

Ein Frauenarzt mit einer überwiegend älteren und wohlhabenden Patientenschaft vertrat in einer Diskussion die Meinung,

90 Prozent aller typischen Frauenleiden seiner Klientel seien auf die frühzeitig zum Erliegen gekommene sexuelle Aktivität der Patientinnen zurückzuführen. Dafür gäbe es ziemlich plausible Krankheitsbilder; betroffen seien ja in der Regel die primären und sekundären Geschlechtsorgane. Gerade aber Witwen aus der gehobenen Gesellschaftsschicht seien besonders gehemmt, ja, eigentlich davon ausgeschlossen, einen neuen Intimpartner zu suchen. Gehemmt, weil sie ihren gealterten Körper häßlich finden und weil sie sich nicht «in solche Gesellschaft» begeben wollen. Ausgeschlossen auch, weil sie sich aufgrund ihrer Vermögenswerte zu leicht kriminellen Gefahren aussetzen, wenn sie den Verführungskünsten zweifelhafter Liebhaber erliegen. Natürlich laufen Damen in diesen Gesellschaftskreisen auch Gefahr, ihr Ansehen zu gefährden.

In meinem Ratgeber «Liebe in Pension – Wie sich Beziehungen nach dem Arbeitsleben ändern» (rororo-Sachbuch Nr. 9751) habe ich das 9. Kapitel dem Thema «Liebe ist nicht nur das!» gewidmet. Überraschende Reaktion mancher Leser und sogar Medien: Angeblich handele das ganze Büchlein von nichts anderem als vom Sex. In der Fernsehsendung «Brisant» wurde ich als Spezialist für Sex im Alter vorgestellt. Wie mögen die Reaktionen jetzt ausfallen, wenn in diesem Buch dem Thema ein viel größerer Raum gewidmet wird – und noch dazu bereits im 4. Kapitel?

Warum geschieht dies? Sicher nicht, um den Medien wieder ein sprühendes Thema zu bieten. Gelebte Erotik und Sexualität ist gerade für den alternden Menschen fast so etwas wie Medizin, jedenfalls aber ein lebensverlängerndes Elixier. Menschen, denen im Altersheim Besuche von andersgeschlechtlichen Menschen gestattet und denen keine Hindernisse für ein Liebesleben in den Weg gelegt wurden, lebten im Schnitt etwa sieben Jahre länger als Altersheimbewohner, denen man die Pflege und Aufnahme intimer Kontakte verwehrte. Ihr Bedarf an Medikamenten lag um 30 Prozent unter dem der Bewohner ohne intime

Kontakte. Viele andere Untersuchungen haben solche Ergebnisse bestätigt oder ergänzt.

Daß dieses Kapitel nicht mit «Sex im Alter» überschrieben ist, sondern eine erotische Kultur empfiehlt, sei ganz besonders betont. Dabei wird «Erotik» nicht gleichgesetzt mit dem Angebot von Erotik-Shops und -Katalogen. Erotik lebt im wesentlichen von geistig-seelischen Elementen, die in die Sexualität einfließen, sie begleiten und in der Liebe zwischen zwei – oder auch mehreren – Menschen ihre höchste Ausprägung erfahren. Liebe ist das aktive Interesse am Wohlbefinden und der Lebensfreude des/der Geliebten und findet ihre Erfüllung in der Wechselseitigkeit. Liebe, die nicht erwidert wird, bleibt dennoch Liebe – jedoch in ihrer schmerzlichen Form. Unter Sex verstehen wir in diesem Kapitel die reine Triebbefriedigung, die weder etwas mit erotischer Kultur zu tun haben muß, noch mit Liebe.

Jenseits von Gut und Böse?

Bis in unsere heutige Zeit hinein behaupten sowohl Männer wie Frauen von sich, sie befänden sich jetzt – im Alter – «jenseits von Gut und Böse». Auch die Nachkommen sind häufig der Meinung, der Opa oder die Oma, die seien doch jetzt «jenseits von Gut und Böse» angekommen. Daran ist so gut wie alles falsch. Erlaubte und schickliche sexuelle Betätigung wird gleichgesetzt mit «Gut», und alles, was nicht als erlaubt und als nicht schicklich angesehen wird, wird mit dem Wort «Böse» ausgegrenzt. Diese enge, muffige Sexualmoral wird insbesondere von der katholischen Kirche verbreitet und läßt sich im übrigen keineswegs auf das Alte oder Neue Testament zurückführen. Sie ist das spätere Werk lustfeindlicher Kirchenväter. Verstöße gegen das 6. Gebot werden von vielen Klerikalen als Todsünde angesehen – und zwar so ziemlich als die schlimmste. Kindern, die nachts unter der Bettdecke ihre Genitalien zu berühren suchten, wurde denn auch lange Zeit im Zusammenwirken mit den Zuchtvätern der «Schwarzen Pädagogik» eingeredet, ihre Hände würden abfaulen, ihr Gehirn veröden. Noch heute sprechen Frauen vom «bösen Händchen», wenn sie masturbieren.

«Gut» und «Böse» sind – weiß Gott! – andere menschliche Untaten in wesentlich verheerenderem Ausmaß.

Und: Weder Opa noch Oma sind aufgrund ihres Alters jenseits erotischer Bedürfnisse. Sogar sehr alte, gebrechliche Frauen, die seit Jahrzehnten kein partner-orientiertes Sexualleben mehr hatten, suchen – wie Pflegeschwestern, Pfleger und Ärzte berichten – die aktive und passive körperliche Berührung. Gewaschen zu werden ist für manche von ihnen die späte Erfüllung einer Sehnsucht. Sie haben ihre Kinder und Enkelkinder gewaschen und gebadet und sich heimlich dabei gewünscht, doch auch noch einmal so zärtlich, so behutsam behandelt zu werden, mit duftendem Badeschaum und warmem Wasser. Sich diese Sehnsüchte einzugestehen und darüber zu sprechen haben sie sich nicht getraut. Und nur wenige Frauen ahnen, daß ihre Partner dasselbe Bedürfnis spüren. Die Folge ist nicht selten, daß der Mann oder die Frau diese Wünsche heimlich mit einer/einem Geliebten befriedigt.

Erotische Kultur lebt vom Gespräch

Was alte Lebensformen in dieser Hinsicht bedeuten, bedarf kaum einer Beschreibung: Die jetzt ins Alter kommende Generation hat ein Gespräch über «das da» gar nicht oder nur mühsam gelernt. Über «das» wurde nur getuschelt. Es wurden umschreibende Wörter gebraucht. Daß die deutsche Sprache für den erotischen und sexuellen Bereich («in sexualibus») auf Latein zurückgreift, und selbst solche Bezeichnungen wie «Vagina», «Clitoris», «Penis» und «Coitus» früher Ohnmachtsanfälle hervorriefen, jedenfalls nicht in feiner Gesellschaft und nie in der Familie gebraucht werden durften, spricht Bände. Deutsche Bezeichnungen wie «Schwanz», «Möse», «Ficken» oder «Bumsen» wirken in der Tat vulgär. Wie kann mit solchen Wörtern eine erotische Gesprächskultur entstehen? Wie können sich Partner ihre «unaussprechlichen» Bedürfnisse, aber auch ihre Abneigungen nahebringen? Nicht alles kann man nonverbal – also ohne Worte – rüberbringen, ohne vielleicht total mißverstanden zu werden. Männer haben es wohl leichter. Ihnen gehen «schmutzige» Wörter schon mal leichter von den Lippen. Aber wo hat er diese Wörter her? Von einer Nutte?

Nun kommt noch das Alter hinzu. 40 Jahre hat man an der Seite eines Partners gelebt. 40 Jahre lang hat man sich nicht getraut, ihm die geheimsten Wünsche zu offenbaren. Da wird nun auch nichts mehr draus.

Das ist eine nicht ungefährliche Situation; denn wenn die Torschlußpanik, das sichtbare Altern das vermutlich endgültige Aus signalisiert, will es der eine oder die andere noch einmal wissen: beim Seitensprung. Geliebte und Prostituierte wissen darum, wie gesprächig Verheiratete werden, wie sie plötzlich Wünsche auszuleben trachten, die sie dem vertrauten Partner nicht einmal im Vollrausch gestehen wollten. Sie wollen diesen ja nicht «beschmutzen». Verklemmung total! Mit eventuell verheerenden Folgen.

Das Alter ist weiblich. Darauf hat das vorige Kapitel hingewiesen. Hat die überlebende Witwe nun noch eine Chance, mit einem neuen Partner jene erotische Kultur zu pflegen, die mit ihrem Mann nicht gelingen wollte?

Neue Lebensformen im Alter wollen dazu ermutigen! Es gibt viele erfreuliche Beispiele dafür, daß dies gelingen kann.

Natürlich erwachen da Schuldgefühle! Man wollte doch Treue über den Tod hinaus üben. Manche Witwe hat dem Toten vielleicht am Grabe in ihrer Trauer und Verzweiflung versprochen: «Ich folge dir bald nach!» Und nun lebensverlängernde Erotik?

Werfen Sie das Buch nicht gleich weg, wenn Sie auf dieses heikle Kapitel mit Empörung reagieren. Haben Sie das Buch gekauft, weil der Titel «Jetzt kann ich was erleben!» eine positive Resonanz in Ihrem Unterbewußtsein ausgelöst hatte?

Natürlich sollen diese Überlegungen nicht auf Frauen beschränkt bleiben. Auch der überlebende Mann sollte die Chance zu einem beglückenden Weiter-Leben wahrnehmen.

Neuer Schwung in eine alte Ehe? Laßt uns darüber sprechen!

Vielleicht kann dieses Buch dazu beitragen. Man könnte es dem Partner auf den Nachttisch legen. Mit einem Lesezeichen. Jetzt haben Sie die letzte Chance. Sie haben Zeit füreinander – nicht, um sich zu langweilen und jeden Abend vor dem Fernseher zu verbringen, bis der Kopf nach unten sinkt. Erotische Kultur braucht das Gespräch – das behutsame Gespräch.

Denken Sie stets daran: Gelebte Erotik, gelebte, liebevolle Sexualität verlängert ihrer beider Leben, stärkt ihre körperliche und psychische Gesundheit. Jeder schöne Orgasmus macht Sie jünger – aber: Das ist keine Aufforderung zum Leistungs-Sex! Weder die Anzahl der Orgasmen Ihrer Partnerin noch Ihr Stehvermögen und die Menge des Ejakulats sind irgendwie taugliche Maßstäbe! Es kommt sehr viel stärker auf das innige Verschmelzen, die Nähe, die vertrauensvolle Hingabe, die Zärtlichkeit davor und danach an.

Was früher, in den jungen Jahren der Partnerschaft, die Attraktivität der Körper, das starke Verlangen, der «biologische Motor» bewirkt hat, das müßte jetzt eine andere erotische Kultur bewirken. Das Begehren baut sich nicht mehr in Sekunden auf, sondern in Stunden, eventuell in Tagen. Es bedarf der kultivierten Rituale und der liebevollen Signale. Jetzt kann das Schmusen und die mögliche Verschmelzung wie ein Fest vorbereitet werden.

Wie bereitet man ein Fest vor? Jeder weiß es. Da wird der Raum entsprechend geschmückt. Da wird ein schmackhaftes Essen zubereitet. Da wird ein guter Wein oder ein perlender Sekt in kristallenen Gläsern kredenzt. Ein Fest gelingt, wenn schöne Gespräche geführt werden. Wenn man aufeinander zugeht. Wenn man mal wieder miteinander tanzt. Da ist die Lieblingsmusik. Da ist Kerzenlicht. Man kleidet sich nicht im Uraltpullover und Jeans. Wäschegarnituren, die man schon immer als «Liebestöter» bezeichnet hat, haben zumindest im Umfeld eines solchen Festes keinen Platz. Man duscht mit wohlriechendem Gel. Man rasiert sich. Vielleicht wird das Fest vorher angekündigt – mit einer Einladung, die man dem geliebten «Gast» schon am Morgen zusteckt. Der Phantasie sind kaum Grenzen gesetzt, was in dieser Einladung stehen wird.

Solch ein Fest kann natürlich auch in einem gepflegten Restaurant, in einem Hotel stattfinden, kann mit einer Art Hochzeitsreise verbunden sein.

Feste feiert man nicht alle Tage. Das muß nicht sein – und kommt den physiologischen Gegebenheiten des älteren Menschen entgegen. Und es gibt kleinere und größere Feste.

Neue Lebensformen – neue Partner

Konservativen Menschen mutet dieser Abschnitt einiges zu. Doch haben sich die Zeiten geändert. Zwänge und gesetzliche Verbote, die in Ihrer Jugendzeit noch galten, sind abgeschafft worden. Undenkbar, daß mit einiger Offenheit einem Partner, ob Mann oder Frau, in einer Ehe erlaubt wurde, seine sexuellen Bedürfnisse mit einem/einer Dritten auszuleben. Auch dann nicht, wenn der passive Partner nicht mehr in der Lage war, in irgendeiner Weise die sexuellen Bedürfnisse des aktiveren Partners zu befriedigen. Oder keinerlei Neigung dazu verspürte, weil ihm dieser Teil des Lebens absolut nichts bedeutete.

Das Alte Testament erlaubte dem Mann, mit den Mägden oder einer anderen, unverheirateten Frau zu verkehren. Ein solches Konkubinat stand dem Seelenheil nicht entgegen.

Der Adel hat, vom Kaiser bis zum Edelmann, von solchen Privilegien ausgiebig Gebrauch gemacht. Man hielt sich Mätressen und Liebhaber. Mancher Adelstitel geht auf erotische Verdienste zurück. Noch im Mittelalter war es in deutschen Landen verpönt, mit der Ehefrau sexuelle Lust zu erleben. Dafür waren Nebenfrauen, Dirnen und Mägde zuständig. Schließlich brauchte man auch Ammen.

Ist es soviel edler, dem Partner für den Rest seines Lebens sexuelles oder insgesamt erotisches Erleben zu versagen? Ihn in einen Käfig zu sperren: «Weil ich nicht will, hast du auch nicht zu wollen»? Das bedeutet ja, ihm die Jahre seines Lebens zu verkürzen. Es bedeutet, ihn gesundheitlich zu gefährden, physisch und psychisch! Aber hat er nicht vor dem Traualtar oder dem Standesbeamten «Treue bis der Tod euch scheidet» gelobt? Nur: Ist Treue eine Angelegenheit, die im Wesensgehalt auf die Gewährung der geschlechtlichen Gemeinschaft beschränkt ist? Darf es nicht ein bißchen mehr sein – zum Beispiel die Unverbrüchlichkeit der sozialen Gemeinschaft bis zum Tod?

Erotische Kultur könnte in manchen Fällen bedeuten, dem anderen die Freiheit zu gewähren, sexuelle Bedürfnisse diskret mit einem anderen Partner auszuleben. Man verliert ja nichts, sondern gewinnt – einen vitaleren Partner. Man verliert natürlich nur dann seinen Partner nicht an die oder den Geliebte(n), wenn das übrige Zusammenleben attraktiv, interessant und erfüllt ist. Ob wir in unserer Gesellschaft jemals reif sind für eine offene polygame Lebensgemeinschaft, wie sie in manchen Büchern heute nahegelegt wird, ist zu bezweifeln. Es gehören starke, selbstbewußte Partner dazu, die nicht durch den krankmachenden Verdacht aus der Bahn geworfen werden, daß andere Partner besser, raffinierter, vielfältiger und kultivierter im Bett und Drumrum sein könnten: «Was hat denn die/der, das ich nicht habe?»

Muß denn gleich geschieden sein?

Hierher gehört auch die Frage, ob man sich scheiden lassen muß oder sollte, wenn man den Partner/die Partnerin überführt, fremdgegangen zu sein. Da gab es früher keine Zweifel. Das sagt schon die Bezeichnung «Ehebruch», die heute auch Paare für sich beanspruchen, die gar nicht verheiratet sind, sondern nur in eheähnlicher Beziehung miteinander leben.

Eine Scheidung in fortgeschrittenem Alter ist eine noch größere Katastrophe als in jüngeren Jahren. Es gibt dabei eigentlich nur Verlierer; denn auch der untreue Partner gewinnt nicht.

Welche Treue ist höher zu gewichten: die Lebenstreue? oder die sexuelle Treue? Die Lebenstreue verspricht, ich werde bei dir bleiben, mit dir leben, mit dir leiden. Ich werde dir helfen, wenn es nötig wird. Ich werde dich auch im Rollstuhl fahren, wenn du nicht mehr auf deinen Beinen stehen kannst. Ich gebe dir Sicherheit mit den uns gemeinsam verfügbaren Vermögenswerten und Einkommen.

Natürlich: Wenn der untreue Partner mit der sexuellen Untreue auch die Lebenstreue aufkündigt, zur neuen Partnerin, zum neuen Partner zieht und mit dieser/diesem die existentielle Grundlage aufs Spiel setzt, ist eine Trennung und späterhin eine Scheidung wohl unvermeidlich. Die Trennung birgt eine Chance: Vielleicht – und das ist sehr oft der Fall! – reicht die Attraktivität des neuen Partners nicht weit. Wenn der Zustand erster Verliebtheit, die Faszination eines anderen Sexualpartners abflaut, wenn der Alltag auch hier einzieht, hält eine solche Verbindung oft nicht lange. Der Rückweg sollte nicht verbaut werden.

Die andere Lösung läuft auf ein Arrangement hinaus, das sich insbesondere dann anbietet, wenn die Ehe – was die sexuellen Aktivitäten anbetrifft – ohnehin ausgedorrt war. «Hole dir, was du in unserem Beisammensein nicht mehr erleben kannst, wenn es dir denn so wichtig ist, bei der/dem anderen. Aber verletze mich nicht darüber hinaus. Verlasse mich nicht. Und lasse auch mir diese Freiheit!» Es gibt, wenn man mal hinter die Fassaden schaut, wesentlich mehr Partnertausch-Beziehungen oder Triolen, als man glaubt. Manche scheinbar ausgebrannten Beziehungen blühen in solchen Konstellationen sogar wieder auf.

In diese Überlegungen gehört auch ein anderes Thema, das früher nie und nimmer ein Thema sein durfte: die Duldung eines homosexuellen Partners oder einer lesbischen Partnerin. «So was gab's doch in unserer Zeit gar nicht!» höre ich jetzt manchen älteren Menschen sagen. Da gab es einschlägige Paragraphen, und man ignorierte solche «abartigen» Erscheinungen. Heute ist nicht zu übersehen, daß wir es zumindest mit einer beträchtlichen Minderheit zu tun haben, die noch dazu stetig anwächst. Wo die Gründe dafür zu suchen sind, ist nicht Gegenstand dieses Buches. Die erotische Kultur ist unter diesen Menschen häufig ausgeprägter als unter den «Normalen». Dreiecksverhältnisse haben eine Chance.

Lover und Lolitas – mit einem neuen Partner wieder jung werden

Die Medien fördern es, daß sich heutzutage manche Menschen «outen». Sie verraten ihre intimsten Geheimnisse vor der Fernsehkamera oder dem Illustrierten-Reporter. Da tritt eine Neunzigjährige mit ihrem fünfunddreißigjährigen Lover auf. Da bekennt sich eine Fünfundsiebzigjährige dazu, daß sie wechselnde junge Lover unterhält. Junge Männer heiraten alte Damen. Und: Die relativ jungen Männer schwärmen von der Raffinesse und Gier ihrer wesentlich älteren Partnerinnen, von ihrer Körperkultur und der Großzügigkeit. Die alten Damen wirken geradezu spritzig und humorvoll. Ihr Temperament ist wieder erwacht. Sie lachen und wünschen sich noch viele, viele Jahre Trallala. Gestatten sie ihrem Lover gelegentlich Amouren mit Jüngeren, fürchten sie nur Aids.

Auch auf der anderen Seite tut sich viel: Ältere Männer leben auf an der Seite von Lolitas. Sie sprühen vor Jugendlichkeit. Sie tun wieder viel für ihre Fitness, für ihre Körperpflege, für ihre Kleidung. Und sie verwöhnen ihre jungen Frauen über alle Maßen. Die Lolitas wähnen sich im siebten Himmel. Sie schätzen die Lebenserfahrung, die Sicherheit, die erotische Kultur ihrer Gönner. Sie scheuen die Tapsigkeit und hektischen Fummeleien ihrer Altersgenossen. Sie scheuen auch die coole Bindungslosigkeit der jungen Generation. Sie haben diese Ex- und Hopp-Konsumentenhaltung der Twens und Yuppies satt. Sie fliehen vor dem neuen Thema 1: Autos – oder dem noch neueren: Computer. Bei ihrem älteren Partner sind sie unbestritten das Thema 1 – Tag und Nacht.

Für die jetzt ins Alter kommende Generation sind dies wahrlich neue Lebensformen, die jedoch durchaus erwogen werden könnten – wenn es einen erwischt!

Ich würde ja schon gerne, aber...

Verständlich ist, daß viele Ängste wach werden, selbst wenn dieses Kapitel betroffenen Lesern Mut gemacht hätte.

«Wo kann ich in meinem Alter noch einen Partner finden?» –: Dort, wo Ihre Interessen gepflegt werden; denn zuerst kommt es auf die Brücke des Geistes und der Gefühle an, nicht auf das Körperliche.

Volkshochschulen bieten eine Fülle von Themen. Erinnern Sie sich an die Oma? Ausgerechnet Chinesisch will sie lernen! Dort trifft sie nicht auf Menschen, die ihr an die Haut gehen wollen, sondern solche, die ähnliche Interessen haben. «Künstlerisches Gestalten mit Ton», «Aquarellieren», «Seidenmalerei», «Ikebana» und vieles andere mehr öffnet nicht nur neue Welten des Erlebens, sondern auch das Tor zu anderen Menschen. Und zwar vielfach gerade zu einsamen Menschen. Bei Themen wie «Das Tantra der Liebe» weiß man natürlich, was «Sache» sein wird – mit Sicherheit lernt man aber die «Sache» von einer kultivierten, vertieften und verinnerlichten Intensität kennen, die dem Westeuropäer meist auf Lebenszeit verschlossen bleibt.

Konzertabonnements, Besuche von Ausstellungen und Vernissagen, Vorträge, Seminare führen Menschen zusammen. Aber auch Sanatorien, Kurbäder, Saunen sind taugliche Orte der Begegnung.

Eine weitere, vielgehegte Angst äußert sich in verletzender Selbstkritik: «Ich mit meinem erschlafften Körper!» – «Ich mit meinen Runzeln! Mit meinen Krampfadern!» – «Ich mit meinem Bauch!» Menschen, die bis ins hohe Alter sexuell aktiv sind und es verstanden haben, eine erotische Kultur auch im Alter um sich herum zu verwirklichen, berichten übereinstimmend, daß diese Äußerlichkeiten keine sehr bedeutsame Rolle spielen. Viel entscheidender ist die körperliche Hygiene. Sie ist ein absolutes Muß. Krankenschwestern und Pflegerinnen berichten allerdings, daß Menschen über 65 in diesem Bereich oft sehr nachlässig mit sich umgehen. Sind es immer noch die Auswirkungen einer Erziehung, derzufolge «alles unten herum» bah war?

Freundinnen, Vertraute

Viele Frauen hätten gern sexuelle Erfahrungen auch mal mit einer Frau gesammelt. Sie haben sich nur nicht getraut, zu ihrem geheimen Wunsch zu stehen. Sie hatten Angst, in die «lesbische Ecke» gestellt zu werden. Die strengen Rituale der Lesben-Kultur wirken auch nicht gerade einladend. Von einem dominanten Mann zu einem dominanten «kessen Vater» zu wechseln, ist schließlich nicht sehr verlockend. Und «lesbisch» war eben auch so ein Wort, das im Eltern-Speicher der früheren Generationen in die hintere Ecke verbannt wurde, dahin, wo alle anderen Tabus lagerten.

Dennoch, in Romanen, in Frauenzeitschriften liest man immer öfter von Frauen, die durch eher zufällige Erlebnisse mit

Frauen in ein Reich ganz besonders einfühlsamer Erotik vorgestoßen sind. Sie erleben Zärtlichkeit ohne Aggressivität. Sie können sich ganz fallenlassen. Da ist kein Mann, der in sie eindringen möchte. Alles atmet eine erholsame Atmosphäre. Man redet viel miteinander, trinkt Tee. Von Frau zu Frau ist die Empfindungsbrücke leichter geschlagen als zu einem Mann, von dem sie sich allzuoft nicht verstanden fühlen.

Wenn man den Erzählungen Glauben schenken darf, steht das Sexuelle gar nicht im Vordergrund. «Wir haben ganz viel geredet, bis tief in die Nacht, bis wir eingeschlafen sind. Das andere haben wir ganz vergessen. Das hatte ja auch noch Zeit – wenn überhaupt!» So ein Zitat.

In Altersgruppen, in denen es mehr als zweimal soviel Frauen wie Männer gibt, in denen also die Wahrscheinlichkeit groß ist, daß Frau ohne Mann lebt, sollte es zu den neuen Lebensformen gehören, die Nähe auch zu einer anderen Frau zu suchen. Wie gesagt – da muß ja nicht gleich der Gedanke an das Sexuelle aufkeimen. Es geht um eine erotische Kultur, um die Nähe eines vertrauten Menschen, um die Geborgenheit, die entsteht, wenn ein anderer da ist, zuhört, und nicht abends weggehen muß, wenn er bleiben will. Man kann miteinander schlafen, ohne miteinander zu schlafen. Die Wohnung ist nicht so entsetzlich leer. Man kann gemeinsam frühstücken. Man kann die Kosmetik miteinander teilen, sich wechselseitig beim Make-up helfen, Neues ausprobieren. Man kann vieles gemeinsam unternehmen.

Wenn es dann vielleicht zu intimer Nähe kommt, zu mehr, dann wird das sicher auch als beglückend erlebt.

Natürlich ist das Gelingen solcher Frauenfreundschaften im Alter noch viel mehr als jede übliche Freundschaft von einigen wichtigen Faktoren abhängig. Da wird besonders hervorgehoben, daß man sich im wahrsten Sinne des Wortes riechen können muß.

Viele Menschen werden im Alter intoleranter. Da werden aus Unterschiedlichkeiten in der Lebensführung plötzlich Kriegsschauplätze. Man kann das Rauchen «nicht mehr ab», wie der Hamburger sagt. Die Sauberkeit in der Küche, Lippenstift an den Tassen, Kalkflecken und Schimmel in der Dusche, Hygieneprobleme, Wolken von Staub unter dem Sofa, Unordnung oder penible Ordnung, Katzenhaare – alles das sind Gefahrenzonen. Drum prüfe, wer sich näher einläßt. Denn man kann vielleicht eine Zeitlang manches schlucken, aber dann kommt der Knall.

Frau muß sich wirklich reiflich überlegen, auf wen sie sich einlassen kann. Kommt aber eine innige Frauenfreundschaft zustande, ist sie häufig mehr wert als ein noch so nahes Verwandtschaftsverhältnis.

Viele Menschen tun es...

Die Rede ist von Vorgängen, die mit so häßlichen Worten wie «Masturbation» oder «Onanie» belegt worden sind. Auch Selbstbefriedigung klingt nicht schöner. Es hat den Anschein, als sollten schon diese Wörter das Verwerfliche signalisieren, das über die Jahrhunderte – insbesondere auch wieder durch eine leib- und lustfeindliche Kirche – darin gesehen wurde. Für Kinder wurden noch in diesem Jahrhundert scheußliche Mechanismen und Vorrichtungen erfunden, um sie daran zu hindern, sich selbst an den Genitalien zu berühren. Selbstbefriedigung nahm in vielen Beichtgesprächen die Bedeutung der allerschwersten Sünde an. «Wenn du so etwas tust, dann rufst du das Böse, dann rufst du Schlimmes über dich, deine Eltern und Geschwister vom Himmel herab. Der liebe Gott sieht alles. Du fügst dir großen Schaden zu, denn mit jeder Selbstbeschmutzung zerstörst du unwiderruflich Zellen deines Gehirns, und du endest schließlich in der Irrenanstalt!» So ein Beicht«vater» noch um die Mitte unseres Jahrhunderts.

Sind wir wirklich «viel» weiter? Die jüngeren Generationen sicherlich. Aber ältere Menschen spüren die Gewissenskeule noch in ihrem Nacken. Vor allem «danach» berichten Frauen wie Männer vom Katzenjammer, der sie befällt – zusammen mit der natürlichen Müdigkeit.

Ärzte und Sexualberater/innen geben den Tip, dieses Geschehen nicht als eine Ersatzhandlung zu empfinden, nämlich als den Ersatz der Verschmelzung mit einem geliebten Partner, den es gibt oder nicht. Vielmehr soll auch diese Form gelebter Sexualität eine gewisse Eigenkultur erfahren. Das Erleben sexueller Lust mit sich selbst ist kein Ersatz, sondern bietet Erlebnisse ganz eigener Art. Sich selber zu streicheln, sich selber lieb zu haben, sich selber ein Vergnügen zu bereiten, ist etwas anderes, Eigenständiges, und es ist nicht verwerflich. Es ist so wenig verwerflich wie das Gläschen Champagner allein. Man kann auch dieses Selbsterleben mit erotischer Kultur und entsprechenden Ritualen verbinden.

Eine Gefahr wird allerdings immer wieder in Gesprächen erwähnt: Daß die Orgasmen aus eigener Hand so heftig ausfallen, wie man sie mit einem Partner nie und nimmer erleben könnte.

Medizinisch und biologisch gesehen erhält und steigert dieses Selbsterleben die Orgasmusfähigkeit, es erhält und fördert die Potenz beim Mann und die Reaktionsfähigkeit der Frau. Schließlich kann hierin auch eine Chance für das wechselseitige sexuelle Erleben der Partner im hohen Alter gesehen werden, wenn eine körperliche Vereinigung physisch nicht mehr möglich ist.

KAPITEL 5

▷ Noch nie soviel zu tun wie nach der Pensionierung!

«Der Ruhestand ist ein Auslaufmodell!» Diese Meinung vertritt die amerikanische Autorin Betty Friedan in ihrem im Rowohlt-Verlag erschienenen Buch «Mythos Alter». Sie war bei ihren Recherchen zur Problematik alternder Menschen in westlichen Gesellschaften zu der Überzeugung gekommen, daß Menschen vor allem deshalb altern, weil sie glauben zu altern. Fehlleistungen, Vergeßlichkeiten, die sie bei jüngeren Menschen als «verzeihlich», als Streßfolgen oder Folgen einer vorübergehenden Müdigkeit einstufen, lasten sie sich selbst als Altersdefizite an: «Ich werde halt allmählich alt und hinfällig!» sagen sie. Wenn sie sich das nur oft genug eingestehen, trifft letztlich auch ein, was sie laienhaft diagnostizieren. Das Unterbewußtsein vollzieht die permanenten Selbstbezichtigungen auf seine Weise. Es stoppt die Vitalität.

Dabei ist längst wissenschaftlich erwiesen, daß der alternde Mensch bis zum 80. Lebensjahr, sofern er gesund ist und gesund lebt, geistig den Jüngeren kaum unterlegen ist. Vorteile, die Jüngere in der schnelleren Verarbeitung neuer Informationen haben könnten, werden durch Vorteile der Älteren wettgemacht, die aufgrund ihrer Erfahrungen und Routine manche geistigen Prozesse rascher vollziehen.

Sie selbst werden das häufig erleben: Sie brauchen manche Sätze gar nicht mehr zu Ende zu lesen, weil Sie deren Ende bereits vielfach abgespeichert haben. Sie lesen eine Beschreibung über eine Stadt, eine Landschaft, ein Kunstwerk – und sind über das meiste bereits im Bilde. «Im Bilde» sein heißt nichts anderes, als daß Sie eben «gebildet» sind: Sie haben diese Bilder bereits im

Gehirn gespeichert. Kaum jemandem ist noch bewußt, daß Bildung eben das Ergebnis jenes lebensbegleitenden Vorgangs ist: Bilder speichern im Gehirn. Je mehr Bilder dort abrufbar sind, desto gebildeter sind Sie. Bilder sind aber nicht nur Abbilder, sondern auch Texte, Tonfolgen und komplexe Informationen. Allein die Nennung des Namens «Karl der Große» aktiviert im Gehirn des einen ein ganzes Geschichts- und Kulturszenario, bei dem anderen so gut wie nichts.

So ist es kein Wunder, daß die meisten Menschen nach ihrem Berufsleben nicht im Fernsehsessel dahindämmern wollen, sondern voller Tatendrang nach einem neuen Betätigungsfeld Umschau halten. Ähnlich wie es sich mit der sexuellen Aktivität im Alter verhält, daß sie nämlich die lebenswerten Jahre vermehrt, verhält es sich mit neuen Aktivitäten, mit neuen Herausforderungen: Sie halten das Gehirn auf Zack – und damit die Steuerungszentrale für geistige und körperliche Fitness. Wer sich mit 25 geistig zur Ruhe gesetzt hat, für den allerdings trifft zu, was der Volksmund treffend formuliert: «Wer rastet, der rostet!»

Unser Gehirn ist wie ein großer Garten

Ich habe in einem anderen Buch einmal den Vergleich gewagt, unser Großhirn, in dem alle Lern- und Erinnerungsprozesse ablaufen, als einen riesigen Garten zu beschreiben, in dem wir vor allem in der Kindheit, in der Schule und Ausbildung Beete bepflanzt haben. Da ist ein Beet, das heißt «Deutsch», eines, das heißt vielleicht «Französisch», ein anderes heißt «Geschichte», eines «Chemie», andere heißen «Physik», «Steuern», «Zinseszinsrechnung». Da sind viele, viele andere mehr. Um manche dieser Beete haben wir uns stets gekümmert. Wir sind hingegangen, haben das Unkraut gejätet, die Pflanzen gepflegt und vermehrt, Nachbarbeete angelegt und immer wieder frisch gehalten. Was Wunder, das wir auch jetzt noch leichten Schrittes zu diesen Beeten gelangen und von ihnen profitieren. Es sind die für unsere Alltagsbewältigung erforderlichen Kenntnisse und Fähigkeiten und unsere Interessengebiete. Wir haben Bücher darüber gelesen, Vorträge gehört, Museen besichtigt, Aufsätze geschrieben, an Diskussionen teilgenommen. Auf diesen «Gebeeten» sind wir fit. Im Kreuzworträtsel füllen wir die entsprechenden Kästchen leicht und rasch.

Aber da sind auch Beete, um die wir uns seit vielen Jahren nicht mehr gekümmert haben. Wir wissen schon gar nicht mehr, wo sie sind und ob es sie überhaupt noch gibt. Apropos: Wissen Sie noch, wie man eine Quadratwurzel ohne Taschenrechner zieht? Der Zugang zu diesen Beeten ist zugewachsen, verunkrautet. Schon die Wege dorthin sind nur schwer zu finden. Die Beete selbst sind vertrocknet, verwildert. Die Pflanzen, sollten noch welche da sein, sind klein und verkümmert. Das sind jene Gebiete, für die wir uns nie mehr interessiert haben. Jetzt – im Alter – sie noch einmal zu rekultivieren, ist mühsam, fast unmöglich.

Wer große Teile seines Gehirn-Gartens immer gut gepflegt hat, seine Allgemeinbildung, ein breites Wissen, viele Fähigkeiten auch neben der Berufsarbeit stets aktiviert hat, dem fällt auch jetzt das Lernen, das Erinnern, das Kombinieren, das Denken leicht.

Wer ständig «geistig gegartelt» hat, hat getan, was die Lateiner «colere» genannt haben. Dieses Wort bildet den Ursprung unseres Wortes «Kultur». Wir sprechen ja auch im Gartenbau von Kulturen. Dieses «Garteln» befähigt uns vielleicht sogar, noch im Alter neue Beete anzulegen für Pflanzen, die es früher überhaupt nicht gab. Sie heißen vielleicht «Internet», «Multimedia», «Gentechnologie», «Windows 95», «Einspritzpumpe» und «Kilojoule». Sie heißen «Mobutuland» und «Ljubljana».

Laßt uns also garteln! Oder gärtnern – wie man außerhalb Bayerns sagt. Jetzt kann ich was erleben, heißt, ich kann Neues lernen und meine Kenntnisse einsetzen und aktivieren.

Auf in die Hörsäle!

Nur in Bayern müssen Sie Ihr Abiturzeugnis aus dem Dokumentenordner holen. In allen anderen Bundesländern können Sie, sofern Sie kein Vollstudium mit Titel-Abschluß absolvieren wollen, auch ohne Abitur einen Gasthörerschein erhalten, mit dem Sie an Vorlesungen und Seminaren Ihres Interesses teilnehmen können. Es gibt auch spezielle Vorlesungsverzeichnisse zum «Seniorenstudium». Die Hochschulen sehen sich einem zunehmenden Interesse von Sechzig- bis Siebzigjährigen gegenüber. Die Zahl der Senioren-Studenten steigt von Jahr zu Jahr. Es gibt eine Bundesarbeitsgemeinschaft «Öffnung der Hochschulen» (Adresse siehe Anhang) und ähnliche Auskunftsstellen in Österreich und der Schweiz. Grundsätzlich können Sie davon ausgehen, daß an fast allen Universitäten in Deutschland ein Gasthörerstudium mit einem Bildungsangebot möglich ist, das auf die Interessen älterer Menschen zugeschnitten ist.

Dabei sind allerdings die Angebote der Hochschulen sehr unterschiedlich. Die Frankfurter Universität hat nach dem Vorbild der ersten europäischen Senioren-Universität in Toulouse eine «Universität des dritten Lebensalters» (U3L) gegründet, an der man an mehrsemestrigen Projekten arbeiten kann. Hier studieren einstige Volksschüler neben Abiturienten, Hausfrauen neben mittleren und höheren Angestellten oder Beamten. Auch Vollakademiker und Unternehmer zieht es noch einmal in die Hörsäle der U3L. In Marburg gibt es speziell strukturierte Studienprogramme und die Möglichkeit, noch Zertifikate zu erwerben. An der TU Berlin, in Dortmund und Ulm bereiten Studiengänge auf eine Qualifikation für ehrenamtliche Tätigkeiten vor. Die meisten Universitäten beschränken sich auf die Ausgabe von Gasthörerscheinen.

Zu den Hochschulen kommen noch institutionalisierte «Senioren-Akademien», meist in Zusammenarbeit von Hochschulen und Volkshochschulen.

Wer im Alter studieren will, sollte die Vorstellung verbannen, man müsse noch mal Scheine erwerben, schwierige Prüfungen über sich ergehen lassen. Natürlich – wer seinen Lebenswunsch erfüllen will, noch einen Magistertitel oder ein Diplom zu erwerben, der muß ebenso ran wie die Jungen. Die meisten Senioren-Studenten wollen einfach ihren Bildungshorizont erweitern, fundierteres Wissen über Interessengebiete erwerben, und – sehr wichtig! – mit jungen Menschen zusammen sein. Übrigens gibt es hier kaum Berührungsängste; allerdings auch keinen sonderlichen Respekt vor dem Alter.

In den Vorlesungen und Seminaren trifft man auch mit Gleichgesinnten zusammen. Man schließt Freundschaften und findet eventuell sogar zu einer Wahl-Familie zusammen, wie sie im nächsten Kapitel beschrieben wird. Erste Untersuchungen bestätigen, daß Personen, die sich im Alter mit anspruchsvollen Themenbereichen vertraut machen wollen, weniger krankheitsanfällig sind und biologisch später altern.

«Nehme ich damit, daß ich mich nun auch noch in den Hörsaal quetsche, einem Jüngeren den heißbegehrten Platz weg?» lautet die ängstliche Frage eines Pensionärs. Das könnte für Numerus-clausus-Fächer gelten, nicht aber für die von älteren Menschen bevorzugten Fächer Geschichte, Philosophie und Theologie, nicht für Altertumskunde, Psychologie, Geographie und Sprachen.

Fähigkeiten nicht brachliegen lassen!

Drei Begegnungen haben auf mich 1995, also in dem Jahr, in dem dieses Buch entstand, einen besonders nachhaltigen Eindruck gemacht: eine Führung durch die Wallfahrtskirche St. Leonhard oberhalb von Tamsweg im Lungau durch die über achtzigjährige Mesnerin, die sachkundiger, sensibler und fröhlicher nicht sein konnte. Es war die kompetenteste und zugleich liebevollste Kirchenführung, die ich bisher erleben durfte.

Wenige Monate später führte uns eine einundneunzigjährige Dame durch das Heimatmuseum von Brežice, nahe der slowenisch-kroatischen Grenze am sogenannten Autoput zwischen Ljubljana und Belgrad. Ihr fundiertes Wissen wurde nur noch durch ihren Humor und ihren Charme übertroffen. Ihre Augen sprühten vor Engagement – und dies am Tage nach einem für sie besonders schmerzlichen Todesfall.

André Kostolany, der Börsenspezialist und Autor interessanter Fachbücher, stand mit seinen neunzig Jahren am Rednerpult eines großen Kongresses. Im Unterschied zu manchem jüngeren Referenten sprach er frei und rhetorisch glanzvoll über die Zukunft Europas und der Weltwirtschaft.

Jeder Leser, jede Leserin verfügt über wertvolle Kenntnisse, Fähigkeiten und Erfahrungen. Jetzt, in einer Zeit, in der die meisten nicht mehr auf hohen Geldverdienst angewiesen sind, sondern eher mit einem «Ehrensold» honoriert werden könnten, bieten sich viele Aufgaben in unserer Gesellschaft, für die eine vollbezahlte Kraft nicht zur Verfügung stehen kann.

Einige wenige Briefe an Senioren-Organisationen genügten, um Berge von Briefen eintreffen zu lassen, in denen der Senior-Experten-Service, ein Expertinnen-Beratungsnetz, die Alt-hilft-Jung-Organisation, die Aktiv-Senioren, die Grauen Panther, Senioren für Senioren und viele andere ihre Dienste beschrieben haben. Die Adressen befinden sich im Anhang.

Für Experten mit besonders ausgeprägten Fähigkeiten, die an anderen Plätzen unseres Erdballs dringend benötigt werden, kann der Senior-Experten-Service und in der Schweiz das «Senior-Expert-Corps» das Tor zur Welt öffnen. Man bekommt zwar nur ein Taschengeld und alle Kosten ersetzt, aber man lernt fremde Länder, andere Kulturen kennen.

Wer eine Scheu hat vor Vereinen und Organisationen, braucht sich nur an die Pfarrgemeinde oder an den Bürgermeister seiner Gemeinde zu wenden. Es gibt eine Fülle von Aufgaben, die interessant sind und Spaß machen.

Vielleicht kann man jetzt einen neuen Beruf wählen, der endlich einmal der inneren Berufung entspricht? Die Arbeit mit Menschen, die Arbeit mit Tieren, die Arbeit in einer Gärtnerei? Führungen durch den eigenen Wohnort, durch Museen, Wanderführungen, Foto-Wanderungen, Vogelwanderungen, Anleitung zur Erkundung des Sternenhimmels, Heilkräuter-Sammlungen und Aufbereitung der Kräuter, Mithilfe bei der Sichtung von Nachlässen – für jeden ist etwas dabei. In Zürich gründete Alice Liber, 68, eine Agentur für junge Künstler aus den Ländern des ehemaligen Ostblocks.

Peter Biswanger, über viele Jahre Präsident der Schweizer Organisation «Pro Senectute», ist der Überzeugung: «Jeder Alte, der eine sinnvolle Beschäftigung sucht, der findet auch eine!» Und er fügt hinzu: «Wer nichts mehr tut, altert sehr viel rascher!»

Ist es also nichts mit dem wohlverdienten Ruhestand? Wohlverdient bezieht sich auf die Rente, die Pension oder Ersparnisse. Der Ruhe-Stand – noch dazu der Ruhesitz vor dem Fernseher – ist für alle, die gesund sind und gesund bleiben wollen, Gift!

Die sogenannte Altersgrenze ist eine Einrichtung der Rentenversicherung und der Politik. Niemand, der die Altersgrenze überschreitet, ist und wird dadurch alt. Im Gegenteil: Die Alten werden jünger. Wenn Sie diese Ihre Chance nicht verspielen wollen, dann krempeln Sie die Ärmel hoch, packen Ihre Kollegmappe und machen sich auf den Weg zu neuen Ufern!

KAPITEL 6

▷ Der Pflegefall Familie – und Sie?

(85) Urgroßeltern/Urgroßmütter
(60) **Großeltern/Großmütter**
(35) Eltern/alleinerziehende Elternteile
(10) Enkelkinder

Dieser etwas eigenartige Beginn eines neuen Kapitels soll Ihnen verdeutlichen, was Sie – so Sie betroffen sind – selber im eigenen Alltag verspüren, nämlich wo Sie gegenwärtig stehen und von wem Sie Tag für Tag gefordert werden. Die Zahlen vor den Zeilen deuten das ungefähre Alter dieser Generationsschichtungen an.

Die steigende Lebenserwartung aller führt dazu, daß mit ziemlicher Wahrscheinlichkeit Ihre Eltern oder zumindest Elternteile noch leben, vielleicht Ende der 80 oder bereits über 90 Jahre alt. Für diese Eltern sind Sie deren Kinder, und Sie bleiben es, auch wenn Sie selbst bereits Großeltern geworden sein sollten. Diese Ihre Eltern und/oder Schwiegereltern befinden sich zumeist in einem Alter wachsender Hilfsbedürftigkeit oder gar Hinfälligkeit. Sie erwarten von ihren Kindern – also von Ihnen! – Fürsorge, Nähe, Besuche, Telefonate, Verfügbarkeit.

Sie selbst sind in einem Alter, in dem Sie die Last der Arbeit tapfer getragen haben und bald ablegen werden oder bereits abgelegt haben. Sie haben Ihre eigenen Kinder großgezogen, ihnen eine Ausbildung ermöglicht, ihnen Unterstützung gewährt bei der Gründung eines eigenen Hausstandes und ihnen über das Gröbste hinweggeholfen, auch bei und nach der Geburt der Enkelkinder und bei deren Start ins Leben.

Auch wenn Sie noch den Idealfall einer intakten Familie erleben können, bedeutet dies, daß Ihre Freiheit für neue Lebensformen im Alter, Ihr Spielraum für wohlverdientes Erleben nach wie vor gering bleibt. Zumindest, so lange Ihre Eltern oder Elternteile noch leben und Sie sich – wie das in der jetzt alternden Generation als selbstverständlich gilt – um sie kümmern. Dasselbe erwarten Sie schließlich einmal von Ihren eigenen Kindern.

Schon in dieser Konstellation sind Konflikte voraussehbar oder an der Tagesordnung. Denken wir an die Schwiegertochter und die Oma, deren Gespräch wir anfangs belauscht haben. Könnte es nicht passieren, daß kurz nach diesem Gespräch abermals das Telefon klingelt und sich eine schwache Stimme meldet:

«Hildegard, bist du es? Na hör mal. Du hast wohl deine arme, kranke Mutter schon völlig abgeschrieben?»

«Aber nein doch, Mama! Wie kannst du nur auf so etwas kommen?»

«Seit zwei Tagen sitze ich neben dem Telefon und erwarte deinen Anruf! Weißt du eigentlich, daß es schon fünf Wochen her ist, seit du dich zuletzt um mich gekümmert hast? So lange hast du mich nicht mehr besucht. Wer weiß, wie lange du mich noch besuchen kannst. Du hörst es ja an meiner Stimme – ich lebe nicht mehr lange...»

«Aber Mama, ich habe doch auch hier meine Verpflichtungen und meine Termine...»

«Papperlapapp, liebe Tochter – deine hochbetagte Mutter geht ja wohl vor! Und was für Termine kannst du denn schon haben, jetzt, wo du deine Rente in vollen Zügen genießen kannst? Sicher bist du ständig auf Tour oder bei deinen Bridgedamen und hast mich längst abgeschrieben. Weißt du eigentlich, was es bedeutet, hier allein in diesem Altersheim zu hocken? Und sich im wesentlichen nur noch von bunten Pillen zu ernähren?»

«Ja, in vollen Zügen, du hast ganz recht, Mama. Letztes Mal habe ich geschlagene drei Stunden im ICE gestanden, als ich von dir zurückfuhr...»

«Kind, als wir damals aus dem brennenden Magdeburg ins Rheinland fliehen mußten, haben wir ganze Nächte auf dem Trittbrett von Güterwagen gestanden...»

Da habens Sie's: Ihre Schwiegertochter fühlt sich zurückgesetzt, weil Sie als Babysitter nicht ständig zur Verfügung stehen. Sie ist außerdem unzufrieden, weil Sie so wenig Geld für die Enkelkinder lockermachen. Und Ihre Mutter schimpft auch mit Ihnen.

Das Beispiel könnte natürlich auch Männer einschließen; doch – Sie wissen schon: Das Alter ist weiblich.

Vielleicht aber ist Ihre Familie nicht mehr gar so intakt. Vielleicht ist die Ehe eines Ihrer Kinder geschieden? Oder eine Tochter hat ein Kind – aber keinen angetrauten Vater dazu, sondern einen, der sich verduftet hat. Mit Selbstverständlichkeit wird doch erwartet, daß dieses Kind tagsüber bei der Oma und beim Opa ist – oder?

«Sandwich-Generation» – so bezeichnet man Ihre stressige Lage. Sie werden wie die Leberwurst zwischen zwei Brotscheiben von oben und von unten zerquetscht. Ihr Erlebnisraum ist beengt – durch viele Verpflichtungen, die sich noch dazu gegenseitig ausschließen. Sie können es kaum jedem so recht machen, wie Sie es eigentlich gern wollten.

Eigentlich haben Sie ja selber Bedürfnisse und Wünsche. Dieses Buch möchte Sie sogar darin bestärken. Kann es Sie auch stark machen, um in den beschriebenen Situationen nicht krank zu werden?

Dabei könnte dieses Szenario noch schlimmer ausfallen: Einer Ihrer Söhne könnte arbeitslos sein und von Ihnen jeweils kräftige Zuschüsse zu seinen Bezügen erwarten. Er könnte in die Drogenszene abgedriftet sein; im Energienetz der Oma spielte das eine erhebliche Rolle. Es könnte auch sein, daß sich gar niemand um Sie kümmert. Jedenfalls jetzt noch nicht, so lange es noch nichts zu erben gibt. Vielleicht holt sich der Enkelsohn zwar jede Woche seinen Zuschuß zum Taschengeld ab, zieht aber nicht mal den Mantel aus, weil er gleich wieder weg muß. Auch Kinder sind heute schon ungeheuer beschäftigt und wollen täglich was erleben. Sie würden auch gern was erleben wollen, aber läßt man Sie?

Es gäbe noch sehr viel mehr Szenarien aus heutigen Familien-Situationen zu schildern. Die wirklich intakte Familie, in der alle Generationen ihren Bedürfnissen und Möglichkeiten entsprechend gemeinsam leben können, ist zum Ausnahmefall geworden. Schon die Mobilität reißt die Familien auseinander. Aber auch der individuelle Anspruch auf hohe Lebensqualität, auf einen aufwendigen Lebensstil, auf «Selbstverständlichkeiten», die in früheren Zeiten ganz sicher als Luxus bezeichnet worden wären. Dem entspricht der Verzicht auf Kinder ebenso wie das Verdrängen der Verantwortung für alternde Familienangehörige. In der sogenannten Vollkasko- und Freizeitgesellschaft stören alte Menschen, vor allem sehr alte; Christel Schachtner nennt ihr Buch z. B. «Störfall Alter»*.

Niemand «schuldet» seinen Eltern etwas!

Diese Zwischenüberschrift wird Empörung auslösen. Das kann doch wohl nicht wahr sein! Erinnert sich der Autor denn nicht einmal an das vierte der Zehn Gebote? Sogar der Staat nimmt Kinder für ihre Eltern in die Pflicht!

Doch zu neuen Lebensformen im Alter gehört auch eine nüchterne Diskussion über «Sandwich-Situationen» in der Familie. Vater und Mutter ehren, ist nur eine Seite der Medaille.

Die amerikanische Familien-Therapeutin Vivian E. Green-

* Schachtner, Christel: Störfall Alter/Für ein Recht auf Eigen-Sinn, Frankfurt/Main 1988

berg räumt in ihrem wichtigen Buch «Unsere Eltern werden älter»* mit zwei Vorurteilen auf, die sie sogar als Mythen bezeichnet:

1. Junge und auch schon ältere Menschen kümmerten sich weniger um ihre alternden Eltern.
2. Irgendeine Generation «schulde» den Eltern dieselbe Liebe, Fürsorge, Opferbereitschaft und Zeit, die sie von diesen erfahren habe.

Auch das gehört zu den neuen Lebensformen im Alter, daß man sich in solche Gedanken nicht heillos verstrickt, aus denen schmerzliche Konflikte auf beiden Seiten entstehen – bei den Eltern, die sich vernachlässigt fühlen, und bei den «Kindern», die vor lauter Schuldgefühlen nicht ein noch aus wissen.

Greenberg weist nach, daß sich – übrigens auch in Deutschland – die nachkommenden Generationen absolut gesehen und schon mal gar in Relation zu den hohen Leistungs- und Existenzanforderungen unserer Zeit mehr um die Älteren kümmern als früher, wobei man allerdings die Zeiten der Agrargesellschaft ausklammern muß, in der die Alten in Haus und Hof bis ins Alter als nützliche Mitglieder und Ratgeber aufgenommen waren. Früher – das waren auch die Zeiten mit sehr viel niedrigerer Lebenserwartung. Äußerst selten mußte sich die Großeltern-Generation noch um die Urgroßeltern-Generation kümmern. Das sind neue Aufgaben in einer Zeit, in der das tägliche Leben an alle, Enkelkinder, Kinder, Eltern und Großeltern, hohe Anforderungen stellt. Dennoch kümmern sich die Familienangehörigen ihren Möglichkeiten entsprechend sehr viel um ihre älteren Verwandten. In Hamburg z. B. lebten 1991 nur 3,8 Prozent der über Sechzigjährigen in Alters- oder Pflegeheimen.

Auch den zweiten «Mythos» entzaubert Greenberg, indem sie nachhaltig darauf verweist, daß Mutter- und Vaterliebe, daß die

* Greenberg, Vivian E.: Unsere Eltern werden älter. Im Zwiespalt von Anspruch und Verantwortung, Hamburg 1995

Fürsorge, die einem Kind geschenkt worden ist, niemals als eine Art Vorschuß verstanden werden darf, der im Alter zurückgefordert werden kann. Der Gedanke, daß Kinder – und seien sie inzwischen selber 65 – ihren Eltern etwas schulden, so als hätten sie uns ihre Liebe nur auf Kredit gegeben und würden sie nun mit Zinsen und Zinseszinsen zurückfordern, sei erniedrigend für beide Seiten. Daß man allzu leicht in diese Denkart verfallen kann, beschreibt Greenberg (Seite 101):

«Wie kann es auch anders sein, wenn wir als Eltern über einen so langen Zeitraum so viel von uns selbst in unsere Kinder investieren? Anders als andere Spezies, die ihre Jungen in die Welt hinausschicken, sobald sie sich allein durchs Leben schlagen können, beschützen und füttern wir unsere Nachkommen in manchen Fällen mehr als zwanzig Jahre lang. Ist es nach all dieser Nähe ein Wunder, wenn wir glauben, unsere Kinder zu besitzen? Oder wir uns betrogen und verlassen fühlen, wenn sie schließlich fortgehen? Plötzlich sind die Kinder nicht mehr da – mit ihrer eigenen Familie beschäftigt, dem Beruf, Freunden und Interessen, die uns ausschließen. Früher wußten wir immer, wo sie waren. Heute wissen wir nie, wo sie sind und was sie tun. Irgendwie scheint es uns nicht gerecht, daß sie uns nach all dem nicht mehr brauchen. – Ja, es ist gerecht...»

Und weiter heißt es:

«Wenn Eltern zu ihrem Kind sagen, ‹Ich habe mich besser um meine Mutter gekümmert, als du dich um mich kümmerst›, dann machen sie ihm Vorschriften, als sei das Kind noch immer klein und abhängig. Weil sie unfähig sind, mit dem Erwachsenenstatus des Kindes zurechtzukommen, leben die Eltern ihre überkommene, autoritäre Rolle weiter aus...»

Wenn Sie jetzt anheben zu sagen: «Ja, aber meine Mama ist so hilflos, da muß ich ihr doch beistehen!», dann erinnern Sie sich bitte daran, daß die Betreuung alter Menschen in unserem Lande noch nie so gut war wie jetzt. Sie können ihr ja helfen, sie anrufen, ihr am Telefon zuhören. Aber niemand kann Ihnen jetzt – in Ihrem Alter – abfordern, daß Sie auf ein ausgeprägtes Eigenleben verzichten.

Die soziale Versorgungskette reißt – und dann?

Es kann sein, daß sich jetzt und später niemand sonderlich um Sie kümmert. Was man heute bei Jugendlichen häufig hört, daß sie ihre Eltern zum Teufel wünschen, daß sie zu einem Elternteil überhaupt keinen Kontakt haben noch suchen, ist ja auch bei den Dreißig-, Vierzigjährigen nicht ausgeschlossen.

Immerhin hört man von denselben Kindern, daß sie zu ihren Großeltern ein viel besseres Verhältnis haben – und dies nicht nur, weil Oma und Opa spendabel sind, das Taschengeld aufbessern und großzügiger sind, wenn sie ihre Enkelkinder verwöhnen können. Dennoch: Kaufen Sie sich nicht deren Liebe! Viel eher können Sie sich deren Liebe und Zuneigung erwerben, wenn Sie mit ihnen spielen, wenn Sie mit ihnen «ganz tolle Sachen» machen wie Rumtoben, auf Abenteuer-Spielplätze gehen, auf die Kirmes, Bergtouren machen mit Seilbahnfahrten.

Schweizer Kinder im Alter zwischen 6 und 12 wurden befragt, wie sie zu ihren Großeltern stehen. Es gab durchweg sehr positive Antworten. Weiter befragt, was sie sich von ihren Großeltern wünschen, hier eine Auswahl der Antworten: Baden gehen, Singen, Vorlesen, ins Theater gehen, mit Lego bauen. Präsentieren Sie sich ihnen wie viele Ihrer Altersgenossen, die sich eigentlich noch gar nicht wie Oma und Opa fühlen. Sie lassen sich auch anders anreden: Noma und Nopa – d. h. als No-Oma und No-Opa, als Papo und Mamo oder Nonno und Nonna. Sie bleiben jung dabei, und Sie bauen eine wesentlich bessere Beziehung zu diesen Kindern auf, wenn diese erleben, daß Sie noch voll im Leben stehen und dem Neuen aufgeschlossen sind.

Wählen Sie sich Ihre neue «Verwandtschaft»!

Ärzte und Pfleger in geriatrischen Kliniken und Sanatorien wissen, wie selten ihre Patienten Besuch von ihren Kindern, Enkelkindern und anderen Verwandten bekommen. Gut – häufig liegen Hunderte von Kilometern zwischen den Wohnorten.

«Wer kommt und sich Zeit nimmt, oftmals die alten Menschen geduldig füttert und ihnen vorliest, sind Freunde und Freundinnen, Nachbarn...», sagt Prof. Dr. Robert Heinrich, Chefarzt der Geriatrie im Krankenhaus München-Neuperlach.

Es kommen auch nichtverwandte Kinder, um die sich diese alten Patienten immer mal gekümmert haben.

Das deutet auf neue Lebensformen im Alter, die von hoher Wichtigkeit sind: Schaffen Sie sich in Ihrer Umgebung Kinder an!

Gemeinsam jung bleiben – als Vize-Großeltern

Alleinsein im Alter, das haben bereits mehrere Kapitel dieses Buches bewiesen, ist in mannigfaltiger Beziehung nachteilig für die geistige und körperliche Gesundheit, für das Älterwerden, ohne alt zu werden, für den Erhalt der Kompetenz des allgemeinen Lebens und nicht zuletzt für die ökonomische Situation.

Kapitel 4 enthielt Anregungen für das Zusammenleben mit dem Lebenspartner oder mit mehreren gleichaltrigen oder altersmäßig ähnlich gestellten Personen, würden sie nun als Partner eine engere, eheähnliche Lebensgemeinschaft eingehen oder lediglich in einer Wohngemeinschaft zusammen leben.

Hier nun soll eine weitere Variante erörtert werden: das Zusammenleben mit Jüngeren.

Die Abkehr unserer Gesellschaft von der Ehe als einzig denkbarer Institution für das dauerhafte Zusammenleben von Mann und Frau, die Gründung freier und jederzeit auflösbarer, also mehr oder weniger unverbindlicher Lebensgemeinschaften, hat auch dazu geführt, daß Kinder als unerwünscht empfunden werden, weil sie die Unverbindlichkeit und den über alles geschätzten Freiheitsgrad nachhaltig einschränken.

Empfängt eine Frau dennoch ein Kind, und kommt für sie eine Abtreibung nicht in Frage, so reagiert der Erzeuger häufig mit Trennung. Die Frau entschließt sich, lieber als alleinerziehende Mutter ohne einen das Kind ablehnenden Partner ihr Leben und das des aufwachsenden Kindes zu meistern. Die Fälle, in denen der Vater als Alleinerziehender auftritt, sind seltener, haben meist andere Ursachen, führen aber im Ergebnis zum gleichen Resultat.

In einem Zeitalter, das Frauen die gleichen Rechte – insbesondere auch auf eine persönliche Karriere – zugesteht wie Männern, wird das Klein- und Schulkind bei aller Liebe doch zu einer ziemlichen Belastung. Viele Frauen können sich nur marginal um dieses Kind kümmern und delegieren ihre Aufgaben an andere Personen oder Institutionen.

Da die Familie in immer weniger Fällen als eine solche Institution in Frage kommt, sollten familienähnliche Strukturen geschaffen werden.

Es ist denkbar, daß ein alleinlebender Mensch oder eine Wohn- und Lebensgemeinschaft von älteren Menschen eine alleinerziehende Mutter oder einen solchen Vater mit dem Kind aufnimmt, eventuell sogar mehrere solcher «Halbeltern» mit ihren Kindern.

Sicher wird es ältere Menschen geben, die dies weit von sich weisen, mit dem Argument, sie hätten sich wahrlich lange genug um ihren eigenen Nachwuchs gekümmert und wollten nun endlich ihr eigenes Leben leben, wie es der Titel dieses Buches ja auch nahelegt. Wie lange und wie weit sie – allein – ihr eigenes

Leben wirklich als lebenswertes Leben fortführen können, hängt von vielen Faktoren, aber auch von den eigenen Vorstellungen und Wünschen ab.

Ältere Menschen, die mit jungen Menschen und erst recht mit Kindern zusammenleben, bestätigen fast immer, daß dies ihre Lebensqualität gesteigert habe.

Welchen Gewinn haben über diese allgemeinen Überlegungen hinaus Ältere von der Wohn- und/oder Lebensgemeinschaft mit Jüngeren und eventuell ihren Kindern?

Sie vermeiden, in ein ganz und gar Altersheim-ähnliches Umfeld zu geraten, in dem sich die Gespräche nur noch um ihre Wehwehchen, ihre Gebrechen, ihre konservativen Ansichten, um die längst vielfach wiederholten Anekdoten und Witze und Berichte über fern lebende Verwandte drehen.

Hier sind neue Aufgaben gestellt. Die oder der Jüngere, der spätnachmittags von der Arbeit nach Hause kommt, bringt eine andere Welt mit, neue Geschichten, neue Erlebnisse, aktuelle Probleme. Das Kind will begleitet werden beim Spiel, bei den Schularbeiten, bei den Hobbys.

Da die Mutter oder der Vater nach der Arbeit sich nicht mehr unter großer Hetze der Wäsche, dem Essenkochen, dem Putzen, der häuslichen Organisation und den Schularbeiten widmen muß, denn diese Aufgaben könnten ja dann sämtlich schon erledigt sein, kann man die gewonnene Zeit für Gespräche, für Gemeinsamkeit, für Entspannung nutzen.

Die Vize-Großeltern leben mit dieser neuen Situation auf. Sie wissen, daß sie gebraucht werden und nicht abgeschoben sind.

Nicht miteinander verwandt zu sein, hat Vorteile. Verwandtschaft macht auch erpreßbar – in jeder Richtung. Man muß zu oft um des lieben Friedens willen ja sagen zu etwas, was man eigentlich nicht will. Die Gefahr, ausgenutzt zu werden, ist in der nicht verwandten Wohn- und/oder Lebensgemeinschaft zwar auch gegeben, aber nicht ganz so groß. Das Zusammenleben basiert auf Freiwilligkeit und nicht auf festen – traditionsbeladenen – Familienstrukturen. Es werden Bitten geäußert, nicht Selbstverständlichkeiten erwartet.

Nochmals sei darauf hingewiesen, daß das Alter weiblich ist. So ist zu erwarten, daß im Mittelpunkt einer solchen Alt-/Jung-Gemeinschaft eine Frau oder auch mehrere stehen. Das hat Vorteile hinsichtlich der Kompetenz in der Haushaltsführung. Natürlich darf man über mögliche Konflikte nicht hinwegsehen: Da ist sie wieder – die Mutter, die die jüngere Frau gerade abgeschüttelt glaubte. Die Mutter, die Inkarnation ständiger Ermahnungen, Nörgeleien, Kontrollen, Eifersüchteleien. Die Vize-Großmutter könnte auch in diese Rolle verfallen. Das gilt es zu erkennen. Es ist daher ratsam, von vornherein konflikt-vermeidende Absprachen zu treffen.

Insbesondere betrifft das ja auch das Einbringen von Freunden und Sexualpartnern in diese Wahl-Familie. Auch Wahl-Omas sind von Eifersucht nicht frei, die sich dann in Äußerungen offenbaren könnten wie:

> «Ich kann mich den ganzen Tag und jetzt auch noch abends um das Kind kümmern – und sie treibt sich mit Männern herum!» – «Wir machen hier den ganzen Tag die Arbeit, ich bin die Oma fürs Grobe, und abends kommt die feine Dame mit ihrem Freund und schließt die Tür hinter sich zu!»

Die Älteren müssen einsehen und neidlos miterleben können, daß die Jüngeren ihr junges Leben leben, ihren Erlebnishunger, insbesondere auch ihre Liebes- und Sexualbedürfnisse stillen wollen.

Nimmt man in die Wohngemeinschaft zwei Alleinerziehende auf, so könnte das die Situation entspannen. Sie neutralisiert sich. Die Jungen können auch füreinander einspringen.

Was ist, wenn die Älteren alt werden? In Kapitel 11 wird auf die vier «I» des drohenden Lebensverfalls eingegangen: Inkompetenz (geistiger Verfall, Demenz), Invalidität, Inkontinenz, Immobilität? Es müssen nicht alle vier «I» im Alter eintreten. Glücklich die, die bis zu ihrer letzten Lebensstunde von keinem «I» betroffen werden. Realität ist aber nun einmal, daß ein solches Ende nicht allen beschieden ist.

Wählen Sie sich eine neue Familie!

Leben in einer Gemeinschaft hilft – statistisch eindrucksvoll nachgewiesen –, das Eintreten der «I's» weit hinauszuschieben. Wer allein lebt, muß viel früher damit rechnen. Da in diesen Fällen die originäre familiär-soziale Versorgungskette häufig gerissen ist, sich also niemand genügend um den Opa oder die Oma kümmern kann, ist das Altersheim, das Pflegeheim oder das Krankenhaus die dann unumgängliche Alternative.

Wird nun in einer solchen Alt-/Jung-Wohngemeinschaft ein älterer Mensch von solchen Ausfallerscheinungen betroffen, gibt es für eine Zeitlang sicher die Möglichkeit für die anderen, sich zu kümmern. Man kann die Einkäufe, den Gang zur Post oder Sparkasse mit erledigen. Eine solche Gemeinschaft vermag einiges aufzufangen – alles nicht. Der Zugewinn ist, wie bereits mehrfach betont, nicht darin zu sehen, daß man nicht alt und in keiner Weise gebrechlich wird, sondern daß dies alles wahrscheinlich sehr viel später erfolgt.

Schon Johann Wolfgang von Goethe widmete den «Wahlverwandtschaften» seine besondere Aufmerksamkeit – und er pflegte sie Zeit seines Lebens. Die eben erwähnten Wohngemeinschaften können zu solchen fast familiären Bindungen führen.

In Erzählungen aus der sogenannten «guten, alten Zeit» spielten «Circles» eine bedeutende Rolle. Man traf sich regelmäßig im eigenen «Salon» oder – überwiegend die alten Herren – im Club. Die eigene Familie trat offensichtlich auch damals bereits in den Hintergrund, wenn auch aus anderen Gründen als heute. Die Großmama oder der Großpapa als Babysitter oder «fürs

Grobe» war, zumal in der Stadt und in der «Gesellschaft», undenkbar. Dafür hatte man Dienstpersonal. Alte Menschen wurden besonders geachtet und geschätzt wegen ihrer Lebenserfahrung.

Auch wenn Ihre eigene Familie noch intakt sein sollte und zumindest in Teilen in der Nähe wohnt, sollten Sie die nachfolgenden Tips beherzigen:

Wählen Sie sich eine zusätzliche Familie, innerhalb derer Sie Ihre Interessen ausleben können. Sind die Familienbande in Ihrer eigenen Sippschaft bereits arg löchrig, liegen weite Entfernungen zwischen Ihnen und Ihren Geschwistern, Kindern und Enkelkindern, dann ist die Nähe einer Wahlfamilie unter Umständen sogar überlebenswichtig.

Wahlfamilien kennen Sie vielleicht unter Bezeichnungen wie «Bridge-Circle», «Strickkränzchen», «Stammtisch», «Sauna-Treff». Den Möglichkeiten sind hier kaum Grenzen gesetzt. Es sind oft die Hobbys, die hierbei gruppenbildend wirken, Hobbys, zu denen Sie in Ihrer berufsaktiven Zeit mit Doppelbelastungen vielfältiger Art kaum Zeit gefunden haben.

Bewährte Treffpunkte für Erstkontakte sind – wie schon an anderer Stelle erwähnt – die Volkshochschulen, die Pfarrgemeinden oder Wandergruppen. Auch Theater- und Konzertabonnements führen Gleichgesinnte zusammen. Was viele Angehörige der jetzt ins Alter kommenden Generation allerdings lernen müßten, ist die Fähigkeit, andere, zu denen sie sich auf irgendeine Weise hingezogen fühlen, auch anzusprechen. Die vornehme Zurückhaltung, zu der viele erzogen worden sind, nach dem Motto: «Kind, es schickt sich nicht, wildfremde Menschen anzureden!», erweist sich nicht nur jetzt als hinderlich. Da gilt es, Ketten zu sprengen, mit denen die Erziehung viele Menschen auch im Alter noch einengt.

Erinnern Sie sich noch an unsere Oma am Telefon? Auch sie hatte eine Wahlfamilie gefunden: die Teilnehmer am Chinesisch-Kurs. Gerade weil sich hier nur wenige zusammenfinden, ist der Zusammenhalt meist eng. Man kennt sich untereinander gut und findet neue Freunde.

Werden Sie zum Mittelpunkt einer Wahlfamilie!

Wer selber zum Kern einer solchen Wahlfamilie werden möchte, sollte einige Tips beherzigen, die vor Enttäuschungen bewahren:

1. Als besonders haltbar und lebendig erweisen sich Gruppen, die ein ziemlich genau umrissenes, dauerhaft verbindendes Ziel vor Augen haben. Deren gibt es viele. Da übernimmt eine Gruppe die Patenschaft für hilfsbedürftige Familien oder Personengruppen – oft im Ausland. Jemand kennt Bergbauernfamilien in Tirol, Auswanderer in Südamerika, Vereine von Deutschen in den USA, Waisenkinder in den Kriegsgebieten der Welt. Viele Städte und Gemeinden haben Beziehungen zu sogenannten Partnerstädten aufgenommen. Auch dort gibt es ältere Menschen, mit denen man sich austauschen und treffen kann. Vergessen sollte man auch nicht die Not vor unserer eigenen Tür.

Ein Ziel kann aber auch die gemeinsame Vorbereitung einer größeren Reise sein, einschließlich des Erlernens der Sprache.

Gemeinsames Spielen kann ein Ziel sein, seien es nun Kartenspiele oder Brettspiele.

Ein besonders schönes gemeinsames Ziel ist das Musizieren und Singen, das Einüben von kleinen Musikstücken. Auch Theaterspielen kann ungeheuren Spaß machen. Meist werden solche kleinen Laientheater schnell in der Gemeinde bekannt und dann zu Festen eingeladen oder in Krankenhäuser und Altersheime. Sie bieten auch denen, die nicht glauben, eine Rolle spielen zu können, vielfältige Mitwirkungsmöglichkeiten: das Schneidern der Kostüme, das Basteln und Beschaffen von Requisiten. Regieassistenz zu leisten ist eine wichtige, ja unentbehrliche Aufgabe, die hinter der Bühne wahrzunehmen ist.

Ziele sollten stets auch in Teilziele zerlegt werden. Das kann durchaus so erfolgen, daß man sich von Mal zu Mal ein neues, kleines Ziel auf dem Weg zu einem größeren Ziel wählt. Erreichte Ziele sind Erfolgserlebnisse – und solche Erfolgserlebnisse sind Quellen der Freude – und damit der Lebensenergie. Zu hoch und zu weit gesteckte Ziele indessen können frustrieren. «Das schaffen wir ja doch nie!» oder «Das werde ich nicht mehr erleben oder mitmachen können!» – Solche Sätze demotivieren und führen nicht selten zum Gruppenzerfall.

2. Wichtig für den Zusammenhalt solcher Gruppen sind feste Rituale. Damit ist gemeint, daß die Treffen in immer ähnlicher Form ablaufen: am selben Wochentag, zur selben Stunde. Beginnend vielleicht mit einer gemütlichen Tee- oder Kaffeestunde, bevor man dann zur «Arbeit» übergeht. Auch der Ort sollte einem Ritual entsprechen: Vielleicht trifft man sich regelmäßig bei einem anderen Gruppenmitglied oder regelmäßig in einem «Clubraum», z. B. einem Nebenzimmer in einem Café oder im Gemeindehaus. Wichtig ist, daß Vereinbarungen getroffen werden, die ein Übertrumpfen anderer ausschließen: Nicht alle werden gleich viel oder wenig Geld haben. Für die Ärmeren ist es schmerzlich, ausgestochen zu werden. Man kann auch mit Kuchenbergen und kalten Platten zu einer Art «Krieg» aufrüsten, um zu imponieren. Deshalb sollten z. B. auf diesem Gebiet Regeln vereinbart werden.

«Ich kann mit denen nicht mithalten!» ist ein häufig gehörtes Argument von Menschen, die zurückfallen in die Einsamkeit. Nicht immer gelingt es, alle auf den Weg mitzunehmen. Dafür sind Menschen zu verschieden, z. B. in ihrem Bildungsstand. Versuchen sollte man es dennoch; denn Ältere, die hier noch einmal den Schmerz wiedererleben müssen, daß sie nicht Abitur machen, nicht studieren durften, fühlen sich – meist ganz zu Unrecht – herabgesetzt.

3. Eine wenn auch noch so bescheidene gemeinsame Kasse hält Gruppen zusammen und ermöglicht manchmal auch jenen, an einer gemeinsamen Unternehmung teilzunehmen, die es aus eigener Tasche nicht könnten. Aus dieser Gruppenkasse werden

aber auch Blumen und kleine Aufmerksamkeiten für Geburtstage gekauft – und für Krankenbesuche; denn man wird gemeinsam alt und anfällig für dieses und jenes Leiden. Und gerade dann erweist sich eine gute Wahlfamilie als besonders wertvoll.

Vielleicht ein 60-Plus-Club? Eine privat organisierte Volkshochschule?

Gegenwärtig werden vielenorts solche Clubs gegründet. Meist sind es einfach nur Angebote für gemeinsame Aktivitäten und Treffen älterer Menschen. Oft haben sie auch zum Ziel, Forderungen gegenüber der Gesellschaft und den Politikern durchzusetzen.

In den fünfziger Jahren haben sich in den USA «40-Plus-Clubs» gebildet, die stets ein besonderes Ziel hatten: arbeitslosen Führungs- und Fachkräften eine Wirkungsstätte zu bieten, an der sie für sich und für andere nützliche Aktivitäten entfalten konnten. Und – was sich als sehr wichtig erwies – den Zeitrhythmus zu stabilisieren, in den die Mitglieder vor ihrer Arbeitslosigkeit eingebunden waren. Jetzt konnten sie morgens wieder zur gewohnten Zeit das Haus verlassen – und brauchten nicht vor den Augen der Nachbarn am hellichten Tage spazierenzugehen.

Wir können von diesen Clubs für neue Lebensformen im Alter eine Menge lernen. Zum Beispiel von der Dreiteilung der «Arbeitszeit»: Ein Drittel der Club-Zeit verbringt das Mitglied mit der Arbeit für den Club: Reinigungs-, Ordnungsarbeiten, Buchführung, Beratung anderer Mitglieder. Ein weiteres Drittel wird für aktive oder passive Weiterbildung genutzt.

Die unterschiedlichen Berufswege, die Verschiedenheit der landsmannschaftlichen Herkunft, die Vielfalt der erlebten Reisen sowie handwerkliche Fertigkeiten bieten ein ebenso interessantes wie buntes Reservoir für ein Bildungsprogramm. Jeder ist mal dran, den anderen etwas zu erzählen und mitzuteilen – und dann wieder anderen zu lauschen.

Gerade die mögliche Vielfalt solcher Clubs läßt sie besonders empfehlenswert für solche Orte und Regionen erscheinen, wo es weit und breit keine Volkshochschule oder ähnliche Einrichtungen gibt.

Das letzte Drittel in den amerikanischen 40-Plus-Clubs galt den Bewerbungen um einen neuen Job. Dies wird in den 60-Plus-Clubs weniger wichtig sein als das Engagement und die Werbung für Aufgaben, die Club-Mitglieder übernehmen können: Schularbeitenaufsicht, Nachhilfe, Babysitting, kleine Reparaturen, Wäschepflege, Beratung nach der Art «Alt hilft Jung», Mithilfe in der Gemeinde, z. B. für die Gestaltung von Festen. Für solche Aktivitäten sollten durchaus auch kleine Honorare kassiert werden; denn der 60-Plus-Club braucht ja auch Finanzmittel. Ob man Club-Beiträge vereinbart, sollte vorab entschieden werden. Oft gelingt es auch, Sponsoren für solche Clubs zu gewinnen, z. B. Unternehmen, die am Ort ansässig sind. Aus der Veranstaltung von Flohmärkten und Basaren oder der Teilnahme an solchen Veranstaltungen sind ebenfalls Einkünfte zu erzielen.

Die amerikanischen 40-Plus-Clubs haben in der Regel leerstehende, nicht genutzte Büroräume und -ausstattungen zur Verfügung gestellt bekommen. Solche Räume gibt es zwar auch in unserem Land in großer Zahl; doch dürfte es nicht leicht sein, sie für längere Zeit zur Verfügung gestellt zu bekommen. Mieten sind hierzulande meist sehr hoch. Glücklich der Club, der ein Mitglied unter sich hat, das für längere Zeit ein Souterrain oder eine Etage zur Verfügung stellen kann. In Großstädten wie München gibt es weit über 10000 Villen, die nur noch von einer einzigen älteren Person bewohnt werden. Angst vor der Dauerhaftigkeit von Mietverhältnissen, Angst vor Belästigungen und Beschädigungen, Schwierigkeiten bei der Abtrennung der Lebensbereiche verhindern sinnvolle Wohngemeinschaften ebenso wie Erben, die es nicht abwarten können, bis sie die Immobilie ganz allein für sich nutzen oder verwerten können. Aber ein 60-Plus-

Club hätte hier eine schöne Bleibe. In manchen Orten gibt es Schulräume, die wegen der geringeren Schülerzahlen leerstehen, an anderen Orten stillgelegte Bahnhofsgebäude.

Auf dem Land kann man vielleicht ehemals landwirtschaftlich genutzte Räume für diese Zwecke renovieren und zweckmäßig ausgestalten.

Die Rechtsform solcher Clubs kann der sogenannte Ideal-Verein oder auch der eingetragene Verein sein (e. V.).

...oder eine Senioren-Genossenschaft

Wiblingen ist eine württembergische Exklave in Bayern, ein Vorort von Ulm mit rund 17 500 Einwohnern. 1991 wurde dort eine Seniorengenossenschaft ins Vereinsregister eingetragen, die sich als «Solidargemeinschaft der Generationen» versteht. Dieses und andere Modelle der Seniorengenossenschaften gehen auf eine Idee des früheren Ministerpräsidenten Lothar Späth zurück, der auf seinen Reisen durch die USA das Konzept «Senioren helfen Senioren durch Zeittausch» kennengelernt hatte.

Die Wiblinger hatten das Glück, daß sie sowohl vom Land als auch von der Stadt Ulm eine kräftige Anlauffinanzierung erhielten und auch von der Stadt weiterhin eine laufende Unterstützung bekommend.

Das Prinzip dieser Solidargemeinschaft ist der Tausch Zeit gegen Zeit. Jede halbe Stunde, die ein Mitglied für ein anderes hilfeleistend tätig ist, wird mit einer Gutschrift von einem Punkt auf einem Zeitkonto gutgeschrieben. Das Punkteguthaben verbrieft einen nicht verfallbaren Anspruch auf eine gleich lange Hilfeleistung. Ausgenommen davon sind hauswirtschaftliche oder handwerkliche Handreichungen. Sie sind mit 15 DM pro Stunde zu bezahlen, wovon drei Mark in die Vereinskasse fließen.

Diese Seniorengemeinschaft hat inzwischen über 200 Mitglieder, von denen rund die Hälfte zu aktiven Hilfeleistungen bereit ist. Passive ältere Mitglieder, die bereits auf Hilfe angewiesen sind, aber wegen der Kürze der Existenz des Vereins gar keine Gelegenheit hatten, Punkte anzusammeln, erhalten die Hilfe auch so – ohne etwas zurückzahlen zu müssen.

Zusätzlich bietet diese Seniorengenossenschaft auch Aktivitäten wie Sprachkurse, Singen und Musizieren, Wandern, Malen und einen Stammtisch an.

Die Mitgliedschaft in dieser großen Wahlfamilie steht auch Jüngeren offen. So ist ein Drittel der Mitglieder unter 60. Rund 20 Prozent sind über 80.

Zu den Büro-Öffnungszeiten müssen immer zwei Personen als Ansprechpartner zur Verfügung stehen. Der Anrufbeantworter wird auch außerhalb dieser Zeiten ständig abgehört. Viele müssen sich diese Aufgabe teilen, damit sie nicht für wenige zu einer unzumutbaren Belastung wird.

Ausgeschlossen vom Katalog der möglichen Hilfeleistungen sind Pflegedienste, für die eine besondere Ausbildung erforderlich wäre, und Sterbehilfe. Renner sind das Erledigen von Einkäufen, Fahrdienste und Besuche bei älteren Menschen. Andere, ähnliche Modelle in Baden-Württemberg setzen andere Schwerpunkte: Hobby- und Interessenbörsen, gemeinsame Pflege der Literatur, Krankenbesuche.

Die Idee der Genossenschaft auch im rechtlichen Sinne mit dem Tauschprinzip «Zeit gegen Zeit» hat nicht überall, mancherorts auch gar nicht geklappt. Daher auch die Rechtsform des eingetragenen Vereins.

Doch sind dem Gestaltungswillen hier weite Grenzen gesetzt: Man kann eine kleine, lokale Gruppierung bilden, ohne förmliche Organisationsstruktur, eine Art «Stammtisch», oder einen größeren Verein. Auch bietet sich nach entsprechenden Kontakten die Möglichkeit, als Untergruppe eines der freien Wohlfahrtsverbände aufzutreten, bei der CARITAS, dem Evangelischen Hilfswerk oder der Arbeiterwohlfahrt.

Der Tübinger Sozialforscher Ulrich Otto, der das Experiment

mit den zur Zeit 34 Senioren-Genossenschaften in Baden-Württemberg wissenschaftlich begleitet hat, bescheinigt den Senioren sehr viel selbstverwalterisches Talent. Auch stellte sich heraus, daß die Bereitschaft von Männern, sich an solchen Diensten auf Gegenseitigkeit zu beteiligen, höher ist, wenn dies in solchen Organisationen erfolgt.

▷ Die Oma auf dem Bauernhof

«Na, Oma, da bist du ja wieder!»

«Ja, es war wunderschön, Renate, richtig rundherum wunderschön!»

«In Salzburg, mit deinem – wie soll ich sagen? – neuen Freund?»

«Ja, ja, mit dem Robert. Gell, du wunderst dich schon, daß deine Schwiegermama auf ihre alten Tage noch so fidel ist!»

«Besser als tatterich und im Rollstuhl!»

«Das dauert sicher noch ein Weilchen – und wahrscheinlich falle ich euch dann gar nicht zur Last!»

«Wie sollen wir das verstehen?»

«Vielleicht ziehe ich irgendwann um! Also jetzt noch nicht, aber später mal!»

«Weg von hier?»

«Ja, weißt du, wir waren ja nicht genau in Salzburg, sondern auf dem Bauernhof, auf dem der Robert aufgewachsen ist, ganz dort in der Nähe. Das muß ich euch mal erzählen, wenn ich zu euch komme. Ich habe auch fotografiert. Also – die Landwirtschaft hat Roberts Bruder, der Alois, stark zurückgefahren. Nur noch ein paar Kühe, Schafe und Hühner und ein paar Wiesen. Jetzt hat er die großen Scheunen und Stallungen, die er ja nun nicht mehr braucht, umgebaut. Da sind jetzt Appartements drin für Alleinerziehende, Frauen und auch ein Mann. Und für alte Leute, alleinstehende und Paare. Tagsüber gehen die jungen Frauen und der Mann in die Stadt zur Arbeit. Oft fahren sie zusammen mit so einem kleinen Bus. Die Alten kümmern sich um die Kinder. Manche gehen ja in die Schule. Nachmittags helfen sie denen bei den Schularbeiten. Manche arbeiten auch im Garten mit. Ziehen eigenes Gemüse und Blumen.»

«Klingt ja ganz toll! Wie ein Paradies! Prima Idee!»

«Ja, hab ich zum Robert auch gesagt. Ich hab ja Angst vorm Altersheim. Nee, da will ich nicht rein. Aber dort, auf dem Hof, an der frischen Luft, mit jungen Leuten und noch so ein bißchen was machen, im Garten oder so, den Kindern vorlesen – das könnt mich freuen.»

«Ziehst du dann bald aus?»

«Nein, jetzt noch nicht. Noch brauche ich die Stadt und meine gewohnte Umgebung. Die Volkshochschule und meine Chinesen, das Theater und euch natürlich. Aber an den Wochenenden werde ich wohl mit dem Robert öfter da draußen sein. Der hilft ja auch seinem Bruder. Die Landwirtschaft trägt ja keine Lohnarbeiter mehr. Da muß die Familie ran.»

«Und wir dachten schon, du gehst nur mit deinem Freund bummeln und schön essen, sightseeing...»

«Abends waren wir im Konzert. Ist doch nur 30 km weg, dieses herrliche Salzburg!»

«Na ja, dann sehen wir uns ja wohl seltener, oder? Komm doch mal vorbei mit dem Robert!»

«Gern, aber nächsten Sonntag sind wir eingeladen, alle aus dem China-Kurs, zum chinesischen Essen mit ein paar chinesischen Familien, die hier in München leben!»

«So gut wie du, Oma, möchte ich es auch mal haben!»

«Na ja, genieße du mal deine Jugend! Alles zu seiner Zeit!»

«Na, dann tschüs, Oma!»

KAPITEL 7

▷ Wohnen wie gewohnt – oder: Wo wollen Sie sterben?

Spricht man mit Menschen, die in die Jahre kommen, dann hört man immer wieder den Seufzer: «Um des Himmels willen nicht ins Altersheim!» Auch die Oma, die uns immer wieder einmal an ihren Telefonaten teilhaben läßt, hatte das Stichwort «Altersheim» unter ihren Lebensängsten aufgeführt und atmet jetzt richtig auf, nachdem sie eine hoffnungsfrohe Alternative kennenlernen durfte.

Zur Ehrenrettung der meisten Altenheime muß man heute jedoch feststellen, daß sie kaum noch vergleichbar sind mit den Greisen-Verwahranstalten früherer Jahrzehnte, bei deren Verwaltungen man außer hohen Mieten auch noch seine Würde und Selbständigkeit abgeben mußte. Aus diesen Zeiten nährt sich aber auch heute noch das Image. Wie immer sprach man über die erbärmlichen Anstalten viel häufiger als über die vielen guten.

Nichtsdestotrotz – Wohnen im Alter bleibt ein außerordentlich bedrängendes Thema für alle. Nicht ohne Grund haben sich inzwischen sehr viele Initiativen gebildet, die sich für «Alternatives Wohnen im Alter» engagieren. Anderswo heißen sie «Aktives Wohnen im Alter». Weitere Stichworte sind «Betreutes Wohnen» oder «Service-Wohnen». Adressen zum Stichwort «Wohnen» sind im Anhang gesondert aufgeführt, wobei es kaum möglich ist, alle Institutionen zu nennen, die auf regionaler oder lokaler Ebene tätig sind.

Natürlich darf man bei alledem auch nicht die kommerzielle Seite mancher Aktivitäten übersehen. Kaum ein Zukunftsdatum läßt sich so genau voraussagen wie das des Anwachsens der ins

Alter kommenden Bevölkerung. Die Investoren wußten seit langem, wie sehr die Nachfrage nach alten- und altersgerechten Wohnungen ansteigen würde. Sie kennen auch deren Vermögensverhältnisse nach 50 Jahren friedlicher Entwicklung – ohne dramatische Inflation, ohne Krieg und in einem beispiellosen Wohlstand. Man wußte also: Da ist was zu verdienen. Zumal die Senioren sich heute nicht mehr so ohne weiteres den drängenden Erben unterwerfen und in ein Billigquartier abgeschoben werden wollen. Sie bestimmen in erheblichem Maße mit, wissen, daß das letzte Hemd ohnehin keine Taschen hat, und möchten sich nun auch etwas Besseres leisten.

Zu keinem Stichwort dieses Buches sind mir solche Mengen an Drucksachen ins Haus geflattert. Daraus kann man – und wird man sicher auch – ein eigenes Buch und Nachschlagewerk erstellen. Eine Datenbank wird nicht lange auf sich warten lassen, aus der man abfragen kann, welche Möglichkeiten sich zu welchen Kosten an welchen Stellen nicht nur in Deutschland bieten.

Hier wollen wir unserem Titel treu bleiben: «Jetzt kann ich was erleben!» und uns auf neuere Lebens- und Wohnformen beschränken.

Wegschweben ins Traumland?

...im wahrsten Sinne des Wortes. Das Flugzeug hebt ab und trägt die jungen Alten oft weit weg. Dorthin, wo ewiger Sommer herrscht oder zumindest ein milderes Klima. Dorthin, wo man für Deutsche Mark (und später für den EURO?) ein Vielfaches von dem erhält, was man im eigenen Lande geboten bekäme (obwohl die meisten Länder zügig teurer geworden sind!). Es lockt der ewige Urlaub!

Stopp! Da gäbe es einiges zu bedenken. Zunächst den Zeitpunkt: Wer sein Alter im Traumland verbringen will, sollte so früh wie möglich aufbrechen. Wo so etwas gelungen ist, haben die Betroffenen meist schon in ihren fünfziger Jahren die Kisten und Koffer gepackt. Mit 65 wäre es allerhöchste Zeit.

Später sollte man allenfalls seriöse Angebote von Unternehmen wie der Schweizer HAPIMAG nutzen, um für einige Wochen oder auch Monate in Gegenden mit günstigerem Klima ein gepflegtes Ambiente zu finden. Da HAPIMAG kein Time-Sharing-Unternehmen ist, man vielmehr immer wieder wählen kann, in welcher der zur Zeit 44 Residenzen man für einige Wochen domizilieren will, lohnt sich auch eine solche Überlegung. Wer sich 12 Aktien von HAPIMAG kaufen kann, also einen Betrag von über 100000 Mark auf den Tisch blättern kann, der bekommt Jahr für Jahr statt einer Dividende Wohnpunkte gutgeschrieben, die ihm drei bis vier Monate Wohnen in sehr gepflegtem Ambiente, in hohem Wohnkomfort und mit animierendem Begleitprogramm sichern. So ist man flexibel und lernt noch ein Stück von der Welt kennen. Man ist unter Menschen. HAPIMAG arbeitet mit INTERHOME zusammen. Wer Glück hat, kann HAPIMAG-Aktien preiswerter von privat kaufen. Es werden immer welche in den großen Tages- und Wochenzeitungen angeboten.

Auch das ist eine neue Lebens- und Wohnform im Alter. Sind die Dividenden-Punkte abgewohnt, kommt man bis zum nächsten Jahr wieder zurück in die gewohnte Umgebung, zu den Freunden, zum gewohnten Lebensstil und dem vertrauten «Schweinsbraten», dessen Nennung hier stellvertretend für den Speisezettel steht – oft ein bagatellisiertes Problem bei Auswanderern, das aber im Alter durchaus auch schwerwiegende Auswirkungen auf die Gesundheit haben kann.

Aber Vorsicht vor trickreichen Time-Sharing-Werbern, wie sie sich an vielen Urlaubsorten anbiedern und ihre Köder auslegen. Da sind schon viele Träume zu hohen Vermögensverlusten zerronnen. Time-Sharing-Modelle bieten ein Wohnrecht nur an einer bestimmten Anlage und häufig zu vorbestimmten Zeiten.

Wer ins Traumland ziehen will, muß – neben dem entsprechenden Kapital natürlich – über genügend Sprachkenntnisse verfügen und in seinem Lebensstil außerordentlich flexibel sein. Körperliche und seelische Robustheit sind unerläßlich. Und er muß sich von vornherein darüber im klaren sein: Dauerwohnen und Urlaub sind zwei völlig verschiedene Realitäten! Das Naserümpfen über mangelnde hygienische Bedingungen, der kleine Ärger über mangelhafte Organisation und Pünktlichkeit, die dürftigen öffentlichen Verkehrsmittel, schleppende Kooperation der Behörden bei für uns kriminellen Delikten (über die sich im Traumland vielleicht gar keiner mehr sonderlich aufregt), das ist für einen vierwöchigen Sonnen-Urlaub mal hinzunehmen, aber auf Dauer? Ein lädierter Kotflügel, ein geklauter Fotoapparat – dafür erntet man vielleicht nur ein Lächeln und Schulterzucken. Will man für Medikamente 250 km Autofahrt in einer Richtung zurücklegen – mit dem Risiko, daß sie dort nicht verfügbar sind oder das Verfalldatum um zwei Jahre überschritten ist? Wie steht es mit dem Trinkwasser? Wie mit der ärztlichen Versorgung? Wie mit ungebetenen Mitbewohnern wie Kakerlaken, Ratten, Gekkos, Schlangen, Kröten, Moskitos und Termiten?

Probewohnen wird empfohlen. Ohnehin sollte man dort siedeln, wo bereits eine Kolonie europäischer, besser noch deutschsprachiger Senioren besteht. Man braucht Nachbarn zur wechselseitigen Hilfe. Man muß auch immer mal wieder die Muttersprache sprechen. Drei Monate sollte man sich in einer solchen Kolonie einmieten, ehe die Entscheidung fällt und ehe Brücken in die Heimat abgebrochen werden. Dann ist eine nüchterne Prüfung aller Pros und Contras unerläßlich.

Es gibt viele Berichte von sehr glücklichen Auswanderern, die es geschafft haben. Meist werden sie vor weißgekalkten, traumhaften Villen fotografiert, über ihnen die ewige Bläue des Himmels. In Spanien, Portugal, auf den Balearen und den Kanarischen Inseln gibt es inzwischen Lebensabend-Siedlungen mit mehreren tausend deutscher, holländischer, österreichischer und Schweizer Einwohner. Dort ist es leichter, Fuß zu fassen – und die Heimat ist nur wenige Flugstunden entfernt.

Die Preise sind dort allemal so hoch, daß Sie sich hierzulande ein Appartement in einer Luxuswohnanlage leisten könnten. Oft werden ja auch die Steuern und Abgaben nicht mit in die Kalkulation einbezogen, die im Traumland von den reichen Ausländern sehr gern kassiert werden.

Auf Sumatra oder Borneo lebt es sich zwar erheblich preiswerter. Die Mark hat dort – Berichten zufolge – etwa die vierfache Kaufkraft. Auch dort gibt es inzwischen Ansiedlungen europäischer Pensionäre. Zum Großeinkauf fliegt man einmal im Monat nach Singapur. Das klingt aus der Ferne ganz aufregend. Hier gilt noch mehr, was oben gesagt wurde: Mieten Sie sich dort für einige Wochen, besser Monate, ein – zur Probe. Versuchen Sie, in Kontakt zu kommen mit jenen, die ein solches Abenteuer gewagt haben. Verlassen Sie sich nicht auf bunte Illustrierten-Reportagen.

Was für einen Wechsel des Wohnorts ins Ausland gilt, muß auch jenen geraten werden, die es im eigenen Land zu den Plätzen zieht, wo sie schon immer Urlaub gemacht haben. Im Alpenraum, am Rande des Schwarzwaldes, an der Küste – überall trifft man auf Pensionäre, die sich ihren Lebenswunsch erfüllt haben, raus aus der Großstadt, raus aus dem Industrierevier, raus aus den abgasgeschwängerten Regionen zu ziehen, um das letzte Lebensdrittel inmitten der Natur an den Stätten ihrer Sehnsucht zu siedeln.

Auch hier heißt es: Schon in den jungen Altersjahren umziehen, so daß man noch eine Chance hat, einen neuen Freundeskreis zu begründen. Das ist ohnehin in unserem Lande nicht leicht. Wo Urlauber noch einigermaßen geschätzt werden, weil sie schließlich Geld ausgeben und damit Arbeitsplätze sichern, da müssen Zugereiste nicht auf dieselbe Sympathie treffen. Oft bleiben sie für immer isoliert: die Städter, die Norddeutschen, die aus dem Kohlenpott, die Neureichen, die, die unseren Kindern die wenigen Bauplätze vor der Nase wegschnappen, weil sie Preise zahlen können, an die die Einheimischen nicht heranreichen. Da wäre es fatal, wenn die Düsseldorferin schnell im Dirndl und er im Trachtenjanker auftaucht. Anbiedern ist nicht der Weg, sich Freunde zu schaffen.

Zu Hause ist es am schönsten…

«Mit 60 muß man wissen, wie man die nächsten 30 Jahre verleben will. Diesen Prozeß durchzustehen kostet psychisch und physisch viel Energie!» meint der Däne Arne Ravn. Wir werden später auf ihn zurückkommen.

Noch drastischer drückt es der Wiener Soziologe und Altenforscher Leopold Rosenmayr aus: «Im Prinzip ist es sinnvoll, ab der Lebensmitte eine passende Wohnform zu suchen und sich zu fragen: *Wo möchte ich einmal sterben?*»

In der Tat wird diese Entscheidung gern verdrängt, solange man sich noch jung und fit fühlt. An ein Leben als «Slogo» mit Gehhilfe oder gar als «Nogo» im Rollstuhl will man dann am liebsten gar nicht denken. Und man liest es gern, daß sogar 70 Prozent der Achtzig- bis Neunzigjährigen noch vollkommen selbständig zu Hause leben. Auch von den Hochbetagten leben nur fünf Prozent in Alters- und Pflegeheimen. Also rechnen wir uns doch ganz flott zu den anderen 95 Prozent. Aber – ist unsere Wohnung dann auch noch für uns geeignet? Ist sie altengerecht?

Wohnen im eigenen Haus, in der eigenen Wohnung ist den Senioren ein besonders wichtiges Anliegen. Über die Hälfte von ihnen kann sich diesen Wunsch erfüllen; in ländlichen Gebieten sind es über 75 Prozent. Insgesamt wohnen 45 Prozent zur Miete, von der Landbevölkerung nur 25 Prozent.

Der Wohnung hält man auch lange die Treue: 47 Prozent der über Siebzigjährigen lebt schon mehr als 30 Jahre an derselben Adresse. Sie möchten auch nicht mehr umziehen, schon gar nicht zur eigenen Familie, wo sie fürchten, eingeengt und gegängelt zu werden. Ihre Intimsphäre wäre gefährdet, und wenn es die Freiheit ist, sich einen Pornofilm anzusehen, wenn einem danach zumute ist. In welcher Familie würde man einer Siebzigjährigen ohne weiteres den Freiraum gewähren, mit einem jungen Mann erotische Stunden zu verbringen?

In der Altersgruppe zwischen 60 und 70 leben 50 Prozent zusammen mit ihrem Partner, 22 Prozent allein, 28 Prozent mit mehreren Personen zusammen. Über 70 verschiebt sich das Bild erheblich: Partner, meist die Ehemänner, versterben. 41 Prozent leben nunmehr allein.

Die pro Person zur Verfügung stehende Wohnfläche wächst mit zunehmendem Alter, da Kinder ausziehen und um die 70 herum meist ein Partner verstorben ist. Fast 20 Prozent der über Fünfundsechzigjährigen genießen es mehr oder weniger, 80 und mehr Quadratmeter für sich zur Verfügung zu haben. Ganze Villen werden häufig nur von einer einzigen Person bewohnt. Dann wird die Pflege der Wohnung gelegentlich zum Problem. Da ältere Menschen zunehmend mißtrauisch werden – eine Folge ihrer Ängste –, nimmt man nur zögerlich die Hilfe einer Putzfrau in Anspruch. Der Umzug in eine kleinere Wohnung stellt sich bei näherer Betrachtung als wenig attraktiv heraus, müssen dafür doch meist sogar höhere Mieten veranschlagt werden als für das angestammte Quartier. Und man verliert dabei das soziale Umfeld, die vertrauten Nachbarn, die freundliche Begrüßung in den Einkaufsläden, die Kontakte in der Kirchengemeinde.

So lautet die wichtigste Zahl für Wohnformen im Alter: Über 90 Prozent der Senioren möchten keinesfalls umziehen, wobei die Siebzig- bis Fünfundsiebzigjährigen sogar zu 95 Prozent betonen, in ihren eigenen vier Wänden bleiben und am liebsten dort auch sterben zu wollen.

Angesichts dieser Zahlen ist es verständlich, daß sich sehr viele Bürger und Institutionen Gedanken darüber gemacht haben, wie das Altern in der eigenen Wohnung – und zwar möglichst in der seit langem gewohnten Umgebung – erleichtert werden kann. Der Trend weg vom Altersheim hat da ein übriges bewirkt, natürlich auch die hohen Wohnkosten in gepflegten

Heimen und Seniorenwohnsitzen. Obwohl z. B. das Privatvermögen bayerischer Rentner und Pensionäre vom Sozialministerium im Schnitt auf 200 000 DM pro Kopf geschätzt wird. Aber welche Aussagekraft hat gerade in dieser Hinsicht eine Durchschnittszahl?

Altengerecht umbauen? Umziehen in ein geeigneteres Eigenheim?

Propagiert wird – und in Dänemark sogar aus öffentlichen Mitteln unterstützt – der altengerechte Umbau der eigenen Wohnung. Hier liegen den Architekten Richtlinien und Empfehlungen vor. Es geht nicht nur um die Beseitigung von Schwellen und die Verbreiterung von Türen, damit man sich eventuell auch mit dem Rollstuhl bewegen kann. Treppen lassen sich oft, aber nicht immer, mit Kleinaufzügen versehen. Wer in seinem Haus auch im hohen Alter bleiben will, der darf sich solchen Gedanken nicht versperren. Denn kann das eigene Haus, die eigene Wohnung und der Zugang dazu nur schwerlich altengerecht gestaltet werden, ist die möglichst frühe Entscheidung für eine Alternative dringend angesagt.

Auf der Suche nach Lösungen haben sich viele Modelle herausgebildet, die sich zum Teil auch mit anderen Wohnformen überschneiden, die im nächsten Abschnitt zur Sprache kommen. Beispielhaft sind dabei Modelle, die in Dänemark und Holland erprobt wurden und werden.

Eingangs wurde ein dänischer Lehrer zitiert, dessen Mahnung von allen Lesern befolgt werden sollte, auch wenn sie sich heute noch nicht vorstellen wollen, daß sie einmal hilfsbedürftig werden könnten. Arne Ravn lebt auch jetzt in seinen eigenen vier Wänden, hat aber schon mit 57 sein Landhaus im Grünen aufgegeben und sich eine kleinere Stadtwohnung gekauft. Die Besonderheit: Diese Stadtwohnung ist Teil einer Wohngenossenschaft, zu der sich 22 Bürger zusammengeschlossen haben, um in ihrem Alter sowohl Selbständigkeit und Privatheit als auch die Geborgenheit und wechselseitige Hilfe in einer Gemeinschaft zu genießen. Solche Lösungen sind längst keine Seltenheit mehr, schon gar nicht in Dänemark, wo die Kommunen sehr an solchen Wohnformen interessiert sind, und auch nicht in Holland, wo sich bis 1995 bereits über 100 solcher Initiativen gebildet hatten, die Wohngemeinschaften für ältere Bürger gestalten.

Daß in Deutschland ähnliche Modelle sehr viel zögerlicher entstehen, hat sicher vielfältige Gründe. Eigeninitiativen sind den Obrigkeiten suspekt, Selbstverantwortung dementsprechend unterentwickelt. So wird der Ball gern den politischen Instanzen, den Wohlfahrtsverbänden, Stiftungen und anderen Organisationen zugespielt. Bei uns muß eben etwas «von oben» kommen, wenn es mit rechten Dingen zugehen soll.

Immerhin hat auch die private Wohnungswirtschaft hier eine Chance gesehen, tätig zu werden. Zu nennen ist dabei insbesondere die «Wüstenrot Stiftung – Deutscher Eigenheimverein e. V.» in Ludwigsburg, die in Zusammenarbeit mit dem Kuratorium Deutsche Altershilfe altengerechte und altersgerechte Wohnformen fördert. Da sie sämtlich einen Umzug in eine neue Wohnung und Wohnumgebung zur Folge haben, wird darüber an anderer Stelle noch zu berichten sein.

In vielen Städten schließen sich Vereine zusammen, die «Aktives Wohnen», «Alternatives Wohnen», «Service-Wohnen» ermöglichen wollen.

Dabei ist das Service-Wohnen wohl am ehesten jener Ansatz, der es erlauben würde, in der eigenen, seit langem bewohnten Heimstatt zu bleiben. Dann müßten sich die älteren Bürger eines überschaubaren Wohnviertels zusammenschließen und den gewünschten Service selber organisieren, der sich von der Erledigung der Einkäufe, dem Fahrdienst, von Hilfeleistungen in der Wohnung bis zu leichten Pflegediensten erstrecken kann. Hier kann eine Pfarrgemeinde zum Service-Zentrum werden, dort eine Bürgerinitiative. Finanziert würde der Service von den

Nutznießern – nach Stunden und/oder der Art der Dienstleistung. Die in der ARBES «Arbeitsgemeinschaft Bürgerschaftliches Engagement/Seniorengenossenschaften» in Baden-Württemberg zusammengeschlossenen Initiativen, von denen im vergangenen Kapitel die Seniorengenossenschaft «Solidargemeinschaft der Generationen» in Ulm-Wiblingen vorgestellt wurde, in der aber 34 weitere ähnliche Vereine zusammengeschlossen sind, erkunden zur Zeit unter wissenschaftlicher Begleitung, was geht und was nicht so recht funktionieren will.

Die Wohngemeinschaft

Die Idee dazu ist zunächst einmal verlockend: Man zieht mit befreundeten Menschen zusammen in ein für eine Einzelperson zu groß gewordenes Haus. So kann zumindest ein Ehepaar oder ein inzwischen verwitweter Partner in den eigenen vier Wänden bleiben – und die anderen Etagen und Räume füllen sich wieder mit Leben.

Wo diese Voraussetzungen nicht gegeben sind, könnte man sich zu mehreren eine solche Villa oder umfangreiche Altbauwohnung mieten.

So etwas kann funktionieren. Nur täuschen sollte man sich nicht: Auch die besten Freunde können sich über kurz oder lang sehr auf die Nerven gehen. Man hat sie ja bisher nur stundenweise und in Sonntagsstimmung erlebt. Die kleinen Widrigkeiten und Niedrigkeiten im Alltag blieben verborgen.

Drum prüfe, wer sich in einer solchen Wohngemeinschaft bindet, ob sich nicht auch was anderes findet. Es klappt möglicherweise mit weniger befreundeten Personen besser. Um Interessierte zusammenzuführen und ihnen Gelegenheit zu verschaffen, sich ausführlicher kennenzulernen, gibt es in manchen Städten spezielle Treffs. Bundesweit gibt es Anlaufstellen des «Forums für gemeinschaftliches Wohnen im Alter», wo man sich nach solchen Möglichkeiten erkundigen kann. Auch in der

Schweiz und in Österreich findet man solche Alternativen. In Zürich gibt es eine Vermittlungsstelle für Wohnpartnerschaften im Stadtärztlichen Dienst. Hier wird auch zum Probewohnen geraten, ehe ein dauerhafter Vertrag geschlossen wird.

In den meisten Wohngemeinschaften wird zugleich das Prinzip «Alt hilft Jung, Jung hilft Alt!» verwirklicht. Man ist interessiert daran, daß mehrere Generationen zusammenwohnen, Alte, Behinderte, Berufstätige und junge Familien. Bewährt hat sich eine ständig besetzte Anlaufstelle im Haus, die – wie in den «sheltered houses» in England – in der Lage ist, in kritischen Situationen schnell die richtigen Maßnahmen zu treffen und entsprechende Hilfe zu organisieren. Auch muß jemand für die unbedingt erforderliche Hausordnung sorgen.

Service-Wohnen... Betreutes Wohnen... Geschütztes Wohnen... Aktives Wohnen...

Zunächst ist zu sagen, daß keiner dieser Begriffe eindeutig definiert ist. So herrscht Wirrwarr, wenn darüber diskutiert wird. In der weitaus überwiegenden Zahl aller entsprechenden Initiativen ist zwar die private, abgeschlossene Wohnung ein Grundelement – ob im Eigentum oder gemietet –, doch ist es in der Regel nicht mehr die angestammte, seit vielen Jahren bewohnte Heimstatt, sondern eine neue in einer neuen Wohnanlage. Hier also geht der Wunsch, so lange wie möglich dort zu bleiben, wo man Wurzeln geschlagen und sein soziales Umfeld gefunden hat, nicht in Erfüllung. Bemühungen, die Betroffenen so schnell wie möglich wieder in ihr neues Lebensumfeld zu integrieren, gewinnen daher an Bedeutung.

So versteht man unter Service-Wohnen heute nicht nur die Organisationsform, die im letzten Abschnitt geschildert wurde, sondern durchaus auch das Wohnen in einer Wohnanlage mit altengerechten Wohneinheiten nebst Dauer- und Kurzzeit-Pflegeplätzen. In Markt Wiggensbach bei Kempten haben die Bürger selber die Initiative ergriffen, Fondsanteile von je 50 000 DM gezeichnet und damit einen Grundstock für die Finanzierung der Anlage geschaffen; zugleich sicherten sie sich damit ein Belegungsrecht im Alter. Über die Hälfte der Mittel mußte dann jedoch zusätzlich durch Spenden, Zuschüsse von der Gemeinde, vom Landkreis und Staat aufgebracht werden, ehe das Objekt Gestalt annehmen konnte. Es gilt heute als eine Musteranlage. Vom «Betreuten Wohnen» unterscheidet es sich dadurch, daß hier die Serviceleistungen zu den üblichen Marktpreisen «eingekauft» werden, also der selbstbestimmten und selbständigen Lebensgestaltung nach wie vor ein breiter Raum vorbehalten bleibt.

So etwas findet man durchaus auch unter Projekten, die als «Betreutes Wohnen» bezeichnet werden, doch wird unter «Betreuung» ein noch stärkerer Grad der Hilfe und Fürsorge verstanden. Diese wird auch dann gewährt, wenn der zu betreuende Mensch sich die Leistung am freien Markt nicht einkaufen könnte. Doch – wie bereits gesagt – überall wird der Begriff ein bißchen anders gebraucht.

Jung und alt – das kann gutgehen!

Darin sehen viele, die sich für aktives und alternatives Wohnen engagieren, eine Ideallösung: Die Alten sollen nicht ausgegrenzt, sondern integriert werden in das Leben der Gemeinschaft. Da viele Junge ebenso wie viele Alte meist nicht viel Geld haben, werden Anlagen geschaffen, in denen sie preisgünstig wohnen können. So etwas kann einer Privatinitiative entsprießen wie auf dem Bauernhof, der unserer Oma so gut gefallen hat, kann aber auch mit Hilfe öffentlicher Förderung entstehen wie beispielsweise das Schammatdorf südlich von Trier.

Jeweils fünf oder sechs einstöckige Häuser stehen in einem nach einer Seite offenen Halbrund und bilden dadurch im Inneren einen Hof. Mehrere solcher Hof-Anlagen bieten insgesamt

118 Wohnungen, vier Fünftel davon altengerecht, die Hälfte rollstuhlgeeignet. Von Anfang an lag die Idee zugrunde, daß voll bewegliche Menschen mit Behinderten zusammenleben sollten, um diesen Hilfe angedeihen zu lassen. Es gibt Alleinerziehende dort, Studenten, junge Familien, alte Menschen und Behinderte. Eine «kleine Bürgermeisterin» koordiniert, berät und organisiert Hilfe. Und muß dafür sorgen, daß Konflikte zur Sprache gebracht, aufgearbeitet und bewältigt werden.

Konflikte entstehen aus dem Zusammtreffen von Alt und Jung, von leise und laut, von unterschiedlichen Erziehungsnormen; die jetzt alten Menschen verstehen nicht immer, daß Kinder heute nicht selten so zügellos, so rücksichtslos, so libertinös Freiheitsräume in Anspruch nehmen dürfen, die in ihrer Jugend nicht einmal denkbar waren.

Doch wird diese Kehrseite der Medaille durch die andere Seite mehr als aufgewogen: Die Höfe sind Zentren des Zusammenlebens. Im Schammatdorf ist immer etwas geboten: Kurse, Ausstellungen, Konzerte, Kaffeestunden, Feste, Treffen des Dorfvereins. Natürlich gibt es auch eine Dorf-Kneipe.

Inzwischen sind nach dem Vorbild von Schammatdorf, unter Vermeidung der Fehler und Nutzung der Erfahrungen, die man dort sammeln konnte, ähnliche Initiativen in Deutschland entstanden. Jedenfalls kann man dort etwas erleben und wird nicht in Isolation altern.

Höfe bieten Geborgenheit und Kommunikation

Diesem Wohnen im Generationenverbund ist auch ein inzwischen als mustergültig beurteiltes Projekt «Hofje» in Berlin-Neukölln gewidmet, das vom Verein «Brückenschlag – Generationenverbundenes Wohnen e. V.» konzipiert und zusammen mit der GSE, Gesellschaft für Stadtentwicklung, verwirklicht wurde.

«Hofje» ist holländisch und heißt nichts anderes als «kleiner

Hof». Damit wird auch hier ein Element in die Wohnkultur eingebracht, das wir an vielen anderen Stellen antreffen: der Hof, der kleine Marktplatz, der offene Raum für Kommunikation. Aus Untersuchungen zu einem Gutachten zum Betreuten Wohnen, das von der Wüstenrot Stiftung in Auftrag gegeben wurde, ging hervor, daß von den alternden Menschen weniger die Betreuungs- und Dienstleistungen an sich gefragt sind, als vielmehr das Gefühl der Sicherheit und Geborgenheit.

Diese bieten auch die von der Wüstenrot Stiftung preisgekrönten Objekte für Betreutes Wohnen an verschiedenen Orten Deutschlands. Dort muß es in der Tat Freude bereiten, zu wohnen. Und auch hier finden wir sie wieder – die Höfe.

Der «Hof» als integrierendes Element des Wohnens in einer Gemeinschaft kann mit Sicherheit einem Trend entgegenwirken, der aus der sogenannten «Geislingen-Studie» des Sozialwissenschaftlichen Instituts für Gegenwartsfragen Mannheim (SIGMA) hervorgeht, die vom Ministerium für Arbeit, Gesundheit und Sozialordnung des Landes Baden-Württemberg veröffentlicht wurde. Natürlich muß Geislingen nicht als typisch für alle anderen mittelgroßen Städte in allen anderen Regionen gelten, doch der Trend zum «Privatismus», der hier erschreckend klar erkennbar wurde, ist sicher nicht auf diesen Ort beschränkt.

Die Aussage «Jeder sollte sich um seine eigenen Angelegenheiten kümmern» wurde von 56 Prozent der Befragten als «ganz genau zutreffend» oder «eher zutreffend» beurteilt. 34 Prozent der Sechzig- bis Neunundsechzigjährigen und 45 Prozent der Siebzigjährigen und Älteren bejahen die Aussage: «Wenn ich Probleme habe, helfe ich mir selbst. Ich brauche niemanden!» Damit liegen die Älteren weit über dem Durchschnitt, erst recht gegenüber den Jüngeren (15–39 Jahre). Eine solche Einstellung ist fatal. Sie führt in eine Isolation, die später, wenn Hilfe unausweichlich wird, zu Konflikten führt. Isolation – das beweisen alle einschlägigen Studien – führt außerdem zu schnellerem Altern und früherer Einschränkung der geistigen Fähigkeiten.

Das von den Forschern so bezeichnete «virtuelle Dorf», das auch die Alten in dieser Untersuchung offenbar um sich herum fühlen, besteht lediglich aus Kontakten mit einem sehr engen Kreis von Verwandten und Freunden. Besser ist es für das gesamte Wohlbefinden, die geistige und seelische Fitneß im Alter, das «virtuelle Dorf» zu sprengen und zu einem «virtuellen Kosmos» zu gelangen.

Altersheime können ganz anders sein

In Alpträumen tauchen sie auf, in Erzählungen, im Gejammer von Betroffenen – die Altersheime, in denen die Insassen entmündigt sind oder entmündigt werden. Ihr Leben ist streng reglementiert. Essen gibt es ausgerichtet nach den Arbeitszeiten des Personals, nicht nach den Bedürfnissen der Bewohner. Sexuelle Kontakte sind verboten. Die Zimmer sind Starenkästen. Die Luft ist muffig. Es riecht förmlich nach alten Menschen. Gibt es sie noch - diese Altersheime? Ja, vor allem für jene, die sich Besseres nicht leisten können und von der Sozialhilfe leben.

Aber selbst in dieser Kategorie gibt es große Unterschiede. Zwei Merkmale sollten geprüft werden:

1. Wie steht es mit der Animation? Animieren heißt – begeistern! Animieren heißt – bereichern! Animieren heißt – beleben. Da gibt es Alters- oder Pensionistenheime, die ihren Bewohnern tagtäglich eine Vielfalt von Animation bieten: Feldenkrais-Gymnastik, Musizieren, Aquarellieren, Gestalten mit Ton, Tanz und Gymnastik, Bastelarbeiten, Vorträge und vieles andere mehr. Da kommt nicht die geisttötende Langeweile auf, in der andere dahindämmern und dann tatsächlich früher dement (= geistesschwach) werden.
2. Wie steht es mit Intimität und Privatheit? Betreten die Pfleger und das Personal zu jeder Zeit auch ohne zu klopfen das Zimmer? Werden intime Kontakte respektiert? Darf der Raum individuell gestaltet werden?

Da die Alternative «Altersheim» für die in diesem Buch angesprochene Zielgruppe eher die ganz große Ausnahme sein dürfte, soll es mit diesen wenigen Hinweisen sein Bewenden haben.

Altersheime für Schwule und Lesben

In der Schweiz wird eine Initiative gestartet, in Zukunft auch den Bedürfnissen von Randgruppen entgegenzukommen. So wird geplant, Altersheime für Homosexuelle und lesbische Frauen zu gründen, um auch diesen Menschen einen Lebensabend zu ermöglichen, der ihren in anderen Altersheimen oft bekämpften, zumindest aber höchst kritisch beurteilten Neigungen entgegenkommt.

Was ist nun mit den neuen Lebensformen

Vieles von dem, was oben geschildert wurde, öffnet Tore in neue Formen des Wohnens und Lebens im Alter. Kreativität und Eigeninitiative sind gefordert.

Natürlich spielt das Geld eine Rolle, das man für diese dritte Lebensphase einsetzen kann.

Wo Geld ist, da kreisen auch die Geier. Und es ist kein Geheimnis, daß viele ältere Menschen heutzutage viel Geld auf dem Konto haben, das nach sinnvollen Kapitalanlagen sucht. Das aber ist ein neues Thema.

Zu Ihrer Hilfe eine Checkliste zum Thema «Wie möchte ich im Alter wohnen?»

Frau Erika Christopei-Bentfeldt hat dankbarerweise die freundliche Genehmigung erteilt, ihre Checkliste «Wie möchte ich im Alter wohnen? Fragen zur Entscheidungsfindung», die in den BAGSO-Nachrichten Nr. 1/1995 veröffentlicht wurde, in diesen Ratgeber aufzunehmen. Diese Checkliste richtet sich zwar an Frauen, ist aber ebenso interessant für Männer, Paare und Wohngemeinschaften:

Einige Schlagzeilen der letzten Zeit in den Medien oder als Thema von Fachkongressen lauten: Älter werden – wohnen bleiben; Selbstbestimmtes Wohnen im Alter; Gemeinsames Wohnen von Jung und Alt; Mehr-Generationen-Wohnen; Integriertes Wohnen; Altersgerechtes und Betreutes Wohnen; Barrierefreies Wohnen; Alternatives Wohnen…

Jede Frau, die im Alter ihre Wohnform selbstbestimmt wählen kann, hat im wesentlichen drei Wahlmöglichkeiten:

- ▷ Wohnenbleiben wie bisher,
- ▷ Wohnen in selbstbestimmten Gemeinschaften,
- ▷ Wohnen in sozialen Institutionen.

Die folgenden Fragen können auf der Suche nach der geeigneten Lebens- und Wohnform im Alter bei der individuellen Entscheidungsfindung hilfreich sein:

Für das Wohnenbleiben wie bisher:

- ▷ Möchte ich meinen letzten Lebensabschnitt möglichst frei gestalten und unabhängig von anderen sein?
- ▷ Kann ich meinen Tagesablauf selbständig und zielorientiert allein planen und zufriedenstellend gestalten?

- ▷ Kann ich Alleinsein und Einsamkeit ohne Gefahr von Realitätsverlust und Depressionen gut ertragen?
- ▷ Gehen Impulse und Aktivitäten eher von mir aus als von anderen?
- ▷ Entspricht meine Wohnung meinen jetzigen und absehbaren zukünftigen Bedürfnissen und Möglichkeiten in bezug auf Lage, Größe, Ausstattung und Finanzierbarkeit?
- ▷ Ist meine Wohnung altersgerecht ausgestattet, oder kann sie im Bedarfsfall problemlos umgestaltet werden?
- ▷ Liegt meine Wohnung ebenerdig, ist sie über Rampen oder mit Aufzug in Obergeschossen zu erreichen?
- ▷ Kann ich mich mit Gütern des täglichen Bedarfs möglichst fußläufig versorgen?
- ▷ Liegt eine Haltestelle des öffentlichen Verkehrs in der Nähe meiner Wohnung?
- ▷ Fühle ich mich bei Spaziergängen im Nahbereich auf Straßen, Wegen und Plätzen sicher?
- ▷ Besteht bei Krankheit oder im Notfall die Möglichkeit der Hilfe durch Verwandte, Freunde, Nachbarn oder soziale ambulante Dienste?
- ▷ Habe ich entsprechende Vorsorgemaßnahmen getroffen und meinen zweiten Wohnungsschlüssel hinterlegt?
- ▷ Bin ich an ein Notrufsystem, an eine Telefonkette o. ä. angeschlossen?
- ▷ Habe ich einen Vorvertrag mit einem Pflegeheim abgeschlossen?
- ▷ Habe ich die erforderlichen notariellen Verfügungen getroffen und ein Testament geschrieben?
- ▷ Habe ich mich von einem Bestattungsunternehmen beraten lassen, um die erforderlichen Entscheidungen zu treffen?

Für das Wohnen in selbstbestimmten Gemeinschaften:

- ▷ Möchte ich in meiner letzten Lebensphase mit anderen, auch nicht verwandten Menschen in einer Haus- oder Wohngemeinschaft zusammenleben?
- ▷ Welche meiner täglichen Lebensfunktionen – Kochen, Essen, Waschen, Bügeln, Putzen, Fernsehen usw. – möchte ich in Gemeinschaft verbringen?
- ▷ Wieviel Zeit benötige ich für mich persönlich, und wieviel Zeit des Tages möchte ich mit anderen Menschen verbringen?
- ▷ Welche Eigenschaften bringe ich mit – z. B. Kontaktbereitschaft, Offenheit, Freundlichkeit, Verantwortungsbewußtsein, Hilfsbereitschaft –, die ich in eine Haus- oder Wohngemeinschaft zum Nutzen aller einbringen kann?
- ▷ Kenne ich bereits Menschen, außerhalb verwandtschaftlicher Beziehungen, mit denen ich mir ein Leben in Gemeinschaft im Sinne einer Wahlfamilie vorstellen kann?
- ▷ Welche tragende Idee steht hinter meinem Wunsch, ein Leben in Gemeinschaft zu verbringen?

  z. B. Gemeinsames Gestalten der Freizeit in Gesprächen, Besuch von kulturellen Veranstaltungen, Wandern und Sport…?

  z. B. Gemeinsames Ausprobieren kreativer Fähigkeiten und aktive Begegnung mit der Kunst…?

  z. B. Gemeinsames Erleben der Natur mit Kindern, Tieren und Pflanzen, mit gesundheitsbewußter Ernährung auf der Grundlage einer ökologisch bewußten Haltung…?

  z. B. Gemeinsame weltanschauliche Überzeugung in bezug auf Nächstenliebe, Nachbarschaftshilfe, Verantwortungsbewußtsein für mich und andere?
- ▷ Wieviel individuellen Raum, einschließlich Sanitärbereich, benötige ich für mich allein oder mit Partner, um mich wohl zu fühlen, und in welcher Größe?

- ▷ Welche Gemeinschaftsräume sind erforderlich, mit welchen Funktionen und in welcher Größe, um die Ziele meiner Wunschgemeinschaft erfüllen zu können?
- ▷ In welcher Lage – in der Innenstadt, am Stadtrand, in einer Kleinstadt oder auf dem Lande – sollte sich meine Hausgemeinschaft befinden?
- ▷ Sehe ich in meinem Wohnort die Möglichkeit, im vorhandenen Gebäudebestand zusammen mit anderen meine Gemeinschaftswohnvorstellungen zu realisieren?
- ▷ Habe ich zusammen mit meinen Wahlverwandten finanzielle Möglichkeiten, um ein Neubauvorhaben anzustreben?
- ▷ Welche organisatorischen Schritte muß ich zusammen mit Gleichgesinnten unternehmen, um ein Gemeinschaftswohnprojekt zu realisieren?

  z. B. Erarbeitung von Zielvorstellungen und Grundsätzen, um ein zukünftiges Zusammenleben in einer Wohngruppe vorzubereiten;

  z. B. Suche nach wohngruppenerfahrenen Beratern, die den Gruppenbildungsprozeß begleiten können;

  z. B. Suche nach erfahrenen Wohnprojektberatern, die bei organisatorischen, rechtlichen, finanziellen und nicht zuletzt baulichen Fragen helfen können;

  z. B. Gründung eines Vereins, einer Baugenossenschaft…;

  z. B. Suche nach einem Architekten, der die Wunschvorstellungen der Einzelindividuen in ein realisierbares Gemeinschaftswohnprojekt umwandelt und die erforderlichen Pläne und Bauvorlagen erstellt;

  z. B. Suche nach einem Wohlfahrtsverband oder einem entsprechenden sozialen ambulanten Dienst, der die Möglichkeit Betreuten Wohnens im Notfall gewährleisten kann;

z. B. Suche nach einer Kommune, die die baulich-rechtlichen Voraussetzungen schafft und die zur projektbezogenen Förderung und Finanzierung beiträgt.

Für das Wohnen in sozialen Institutionen:

▷ Möchte ich mich im Alter auf die schönen Seiten des Lebens konzentrieren, ohne mich mit den Alltagsproblemen zu sehr belasten zu müssen?

▷ Möchte ich meinen letzten Lebensabschnitt in der Geborgenheit einer sozialen Institution, möglichst in einer Senioren-Residenz oder in einem Wohnstift, verbringen, sorgenfrei und ohne einen Haushalt selbständig zu führen?

▷ Möchte ich mich in meine eigenen Räume zurückziehen und jederzeit die Gemeinschaft von Menschen haben können, ohne für sie persönliche Verantwortung übernehmen zu müssen?

▷ Möchte ich ein vielfältiges Angebot kultureller, geselliger, informativer und gesundheitserhaltender Art im Hause haben?

▷ Möchte ich aus Gründen der Bequemlichkeit oder aus Sorge vor zunehmenden körperlichen Einschränkungen alle notwendigen Versorgungseinrichtungen im gleichen Hause haben?

▷ Möchte ich in dem Bewußtsein leben, daß bei Krankheit oder im Notfall möglichst schnell professionelle Helfer nach mir sehen und alle erforderlichen Schritte in die Wege leiten?

▷ Suche ich die Vollversorgung bei notwendiger Pflege und bis zum Tode in der gleichen sozialen Institution?

▷ Kann ich mir ein solches Leben in Vollversorgung und Geborgenheit finanziell leisten und wird es auch im Pflegefall finanzierbar sein, ohne daß ich zum Sozialfall werde?

Weitere Überlegungen:

Generell gilt es, im letzten Lebensabschnitt die eigenen Bedürfnisse, Wünsche und Zielvorstellungen bewußt zu erkennen und in einer Art Lebensbilanz zu prüfen, welche Schritte erforderlich und möglich sind, um ein erfülltes Leben bei zunehmendem Alter – mit wachsenden Einschränkungen – bis zum Tode führen zu können.

Es gilt aber auch, die eigenen Kräfte und Fähigkeiten – vielleicht sogar die verborgenen Talente – zu entdecken und zu entwickeln, um auch im Älterwerden neue Chancen der Entfaltung wahrzunehmen und das Zusammenleben mit anderen Menschen zu ermöglichen.
Abhängigkeiten müssen erkannt und angenommen werden: von der gesundheitlichen Verfassung, der finanziellen Versorgung und nicht zuletzt von den gesellschaftlichen Rahmenbedingungen, mit dem Ziel, Altern, Sterben und Tod in Würde zu vollenden.

Erika Christopei-Bentfeldt
Forum für gemeinschaftliches Wohnen im Alter
Faunastraße 37, 40239 Düsseldorf

KAPITEL 8

▷ Freut euch des Lebens...

...der Großenkel wird mit der Sense rasiert! Diese Parodie auf J. M. Usteris Gedicht aus dem Jahre 1793 klingt Ihnen ungewohnt in den Ohren, ist es doch zumeist die Großmutter, die als Opfer herhalten muß.

Warum diese Parodie einer Parodie? Wir wollen über Geld sprechen – und zwar über Ihr Geld!

Kaum eine Generation ist so zum Sparen erzogen und gezwungen worden wie jene, die jetzt ins Alter kommt oder bereits 70 oder älter ist. Galoppierende Inflation, Schwarze Freitage, Kriegszeiten, zwei Währungsreformen, die Umstellung auf eine gemeinsame Euro-Währung mit ihren ungewissen Folgen, alles das hat immer wieder die Mahnung bestätigt – aber auch ad absurdum geführt: Spare in der Zeit, dann hast du in der Not!

Das Sparbuch wurde zum wichtigsten Buch. Daneben erfolgte das Zwangssparen bei der Sozialversicherung. Viele haben zusätzlich Lebens- oder Kapitalversicherungen abgeschlossen. Mit ein bißchen Gold hat man die kriegsversehrten Nerven beruhigt: «Man weiß ja nie, ob man sich nicht doch mal wieder einen kleinen Sack Kartoffeln oder ein Pfund Butter ertauschen muß!» So eine betagte Frau, die nach 1945 übers Land ziehen mußte, um bei einem gnädigen Bauern etwas Essen für ihre Familie zu erbetteln.

Mit wachsendem Wohlstand wurden Grundbesitz und Immobilien als inflationsgeschützte Krisen- und Lebenssicherung erworben. Dazu Aktien, Rentenpapiere, Investmentfonds-Anteile. Manch einer vertraute auch auf Wertsteigerungen von Briefmarkensammlungen, Gemälden, Porzellan oder Münzen.

Gebranntes Kind scheut das Feuer ebenso wie eine mehrfach abgebrannte Großeltern-Generation. 1995 wurden bereits 500 Milliarden DM, das ist eine halbe Billion, aus Angst vor dem Umtausch in die Euro-Währung in die Schweiz transferiert.

Man hätte dieses Kapitel auch überschreiben können:

Einerseits – andererseits!

Dies in mehrfacher Hinsicht: Einerseits werden diesen Ratgeber auch Leser zu Rate ziehen, denen über ihre Rente hinaus wenig Reichtümer beschieden sind, andererseits auch solche, die – wie man früher sagte – es «satt auf der Kasse haben», also über einige Vermögenswerte verfügen, hohe Lebensversicherungsbeträge ausgezahlt bekommen, Mieten kassieren und eine gute Rente obendrein. Überdies leben sie vielleicht in einem miet- und lastenfreien Eigenheim. Es ist schwer, in einem solchen Buch diesen Spagat für jede Variante zu berücksichtigen.

Einerseits muß man allen reinen Wein einschenken, daß die jetzt ins Alter kommenden Menschen wahrscheinlich die Zeit des größten Wohlstandes erlebt haben, der auf lange Zeit denkbar ist. Nach uns kommt zwar nicht die Sintflut, doch stehen alle Zeichen auf magere Jahre.

Worauf stützt sich die negative Zukunftseinschätzung? Da kommen viele Faktoren zusammen:

- Während zur Zeit vier Erwerbstätige für einen Rentner das Ruhegeld verdienen, sind es bereits in Kürze zwei. Ab 2030 kommt nach dem gegenwärtigen Rentenmodell ein einziger Erwerbstätiger für einen Rentner auf – und zwar sowohl, was die Rente selber betrifft, als auch das Arbeitslosengeld und die Krankheitskosten. Dieser Ihr Großenkel müßte dann 40 Prozent seines Gehaltes für die Krankenkasse und Sozialversicherung abzweigen. Verstehen Sie jetzt die Überschrift dieses Kapitels?

- ▷ An dieser Entwicklung sind überdies Sie selbst mit «schuld»: Sie werden nämlich immer älter. Das bedeutet, daß die erwerbslose – und damit abgabenverminderte – Zeit eines Bürgers immer länger wird. Früher hat ein Mann nach seiner Pensionierung im Schnitt noch fünf Jahre gelebt, zur Zeit sind es ungefähr neun Jahre. Jetzt ist das Pensionsalter der Männer unter die 60 gerutscht, und ihre Lebenserwartung steigt. Die Anzahl der Hundertjährigen in unserer Gesellschaft nimmt von allen Altersgruppen am stärksten zu! Längeres Leben bedeutet volkswirtschaftlich gesehen, daß viel länger Renten und viel mehr krankheitsbedingte Kosten aufgebracht werden müssen – bei kürzerer Lebensarbeitszeit.
- ▷ Da immer weniger Babies geboren werden, weil sich immer mehr Paare dazu entschließen, keine Kinder zu haben und dafür lieber zwei Einkommen – und damit zwei Rentenansprüche! – zu erwirtschaften, werden aufgrund des ungeschriebenen, aber zugrundegelegten Generationenvertrages die wenigen Großenkel für viel mehr Rentenansprüche aufkommen müssen.
- ▷ Ein Menetekel, an dem sich auch in der absehbaren Zukunft nichts ändern wird, ist die Arbeitslosigkeit. Arbeitslose erwirtschaften gar nichts, müssen aber von der Gesellschaft ein einigermaßen würdiges Leben bis ins Alter gesichert bekommen. Täuschen Sie sich nicht: Die Arbeitslosenversicherung und Sozialhilfe, das Geld vom Staat oder der Kommune – das ist alles Geld vom Bürger und von keinem anderen sonst!
- ▷ Wenn Arbeitsplätze in unserem Lande aufgegeben werden müssen, weil die Produktionskosten zu hoch sind, wenn diese Arbeitsplätze dann «exportiert» werden in lohnschwache Länder in Osteuropa, in Asien, nach Spanien, Portugal, nach Afrika, dann steigt die Arbeitslosigkeit weiter. Überdies wandern Arbeitsplätze ab in die USA, nach England,

nach Südafrika, weil dort weniger bürokratische Hemmnisse, geringere Umweltschutzauflagen und ein gewerbefreundlicheres Klima herrschen als hier.

Man könnte noch mehr Faktoren aufzählen, die es unausweichlich machen, daß die Großenkel-Generation mit der Sense rasiert werden wird; denn irgendwo werden sich Staat, Länder und Kommunen, die Renten- und Krankenkasse und Arbeitslosenversicherung das Geld schon holen müssen, ehe sie es verteilen können.

Wäre es da nicht das Gescheiteste, Sie würden Ihr Geld irgendwo ins sichere Ausland schaffen oder in Immobilien stecken, damit die Großenkel davon leben können?

Einerseits ja! Andererseits...

... Wer hat Sie denn auf Rosen gebettet? Sah die Zukunft nicht noch viel schlimmer aus, als Sie 1945 aus dem Luftschutzkeller krochen oder auf der Flucht waren? «Es kann ja nur noch aufwärts gehen...» – das war Ihr Trost. «Es kann ja nur noch abwärts gehen...», sagen viele heute.

... wo ist Ihr Geld sicher? Man muß es ja nicht nur außer Landes bringen, sondern auch wieder zurück! Oder dort aufbrauchen, also auf den Bahamas, auf Guernsey oder sonstwo.

... wenn Ihre Großenkel die Immobilie verkaufen, das Eigenheim oder die Eigentumswohnung vermieten wollen, wer kann sich dann noch wieviel leisten? Verfallen dann nicht Preise und Mieten auch?

... wenn eine nicht gar so eigentumsorientierte Regierung ans Ruder kommt, eine, für die die Begriffe sozial und sozialistisch nicht gar so weit auseinanderliegen, werden Ihre Erben dann nicht stark zur Kasse gebeten?

... wenn Sie Ihre Enkel zum süßen Nichtstun verleiten, weil diese vielleicht nur noch von Dividenden, Zinsen, Mieten leben können, tun Sie denen damit wirklich einen Gefallen?

Die Entscheidung kann Ihnen niemand abnehmen. Sie sollten sich diese Entscheidung auch nicht von irgendwelchen cleveren Anlageberatern aufschwätzen lassen. Auch die seriösen Vertreter dieser Branche sehen zunächst einmal ihren eigenen Gewinn, ob sie nun selbständig arbeiten, in Banken oder Versicherungen.

Es ist schon eigenartig: Diejenigen von Ihnen, die über einiges an Vermögenswerten und Sparguthaben verfügen, Auszahlungen von Lebensversicherungen erhalten haben, bekommen viel Post und viele Anrufe von Leuten, die alle Ihr Bestes wollen – nämlich Ihr Geld. Es ist nie auszuschließen, daß Bankangestellte sich hier ein kleines Zubrot verdienen, indem sie Namen und Adressen von sogenannten «Gutbetuchten» an solche Adressen weiterreichen. Die großen Finanzdiensthäuser, zu denen sich unsere Banken gemausert haben und nun auch Versicherungen und alles mögliche sonst noch anbieten, haben die einschlägigen Datenbestände im Haus.

Vorsicht ist geboten. Die Wahl des Kapitalanlageberaters ist mit derselben Sorgfalt, nicht aber mit der Verliebtheit zu treffen wie seinerzeit die Wahl des Lebenspartners. Es gibt Institutionen, die Anlagen auf alle wichtigen Kriterien hin sorgfältigst prüfen und dann Noten erteilen.

Eine davon ist die G. U. B. – Gesellschaft für Unternehmensanalyse und Beteiligungsmanagement mbH in Hamburg. Wem diese Leute drei Plus-Zeichen verleihen, dem kann man nach menschlichem Ermessen vertrauen. Auch zwei Plus-Zeichen sind schon eine sehr begehrte Auszeichnung.

Lassen Sie sich in jedem Falle solche Zertifikate von wirklich unabhängigen Stellen vorlegen.

Aufessen und erhalten? Achtung: Die Inflationsrate trügt!

Das wäre natürlich das Ideal: gut zu leben und doch nicht an die Substanz zu gehen. Wer viele Mieten kassieren kann und wem nach Abzug aller Erhaltungs- und Renovierungskosten und der Steuer noch genug bleibt, der weiß, was gemeint ist.

Wer über ein wohlgefülltes Depot von Rentenpapieren verfügt und alljährlich stößeweise Koupons schneiden kann, um die Zinsen zu kassieren, der ist auch gut dran, wenn ihm die Steuer und die Inflation genügend überlassen.

Apropos Inflation: Benötigen Sie jeden Monat wieder einen Fernseher, einen Kinderwagen, einen Kühlschrank, einen Kleinwagen, einen Mantel? Nein? Sie benötigen aber jede Woche Brot, Butter, Milch, Wurst, Gemüse. Sie müssen mit der Straßenbahn oder dem Bus fahren. Sie telefonieren und kleben Marken auf Briefe, Päckchen und Pakete. Sie verbrauchen Strom, Gas, Wasser und bezahlen für die Müllabfuhr.

Die sogenannte Inflationsrate, auf die wir im Vergleich mit anderen Ländern tatsächlich ziemlich stolz sein können, weil sie relativ niedrig liegt, ist aber nur deshalb so niedrig, weil im «Korb» der Waren, deren Preise vom Statistischen Bundesamt allmonatlich addiert werden, auch alle jene Gegenstände liegen, die Sie gar nicht mehr brauchen – und dies sind meist solche, deren Preise ständig nach unten rutschen. Nimmt man diese Gegenstände aus dem Warenkorb und beläßt nur die Dinge und Dienstleistungen darin, die Sie tatsächlich benötigen, liegt die Inflationsrate zur Zeit zwischen 8 und 10 Prozent!

Das bedeutet, daß der Wert, den 1 DM 1965 hatte, 1996 bereits auf 37 Pfennige gesunken ist, wenn man 8 Prozent Inflationsverlust rechnet. Erinnern Sie sich noch daran, daß ein Herrenhaarschnitt 1965 3 DM gekostet hat, heute aber 25 DM? Damals klebten Sie auf einen Brief eine 20-Pfennig-Briefmarke, heute drohen 1,20 Mark! Aber Taschenrechner haben sich von damals 120 DM auf heute 6 DM verbilligt – nur: Wie viele davon brauchen Sie monatlich oder gar täglich?

Genug der schockierenden Informationen. Wenn Sie das alles jedoch nicht berücksichtigen, dann könnten Sie in ein paar Jahren wirklich etwas erleben – aber nichts Erfreuliches.

Die Frage stellt sich: Kann man auch bei anderen risikoarmen Anlagen als Mieten trotz Inflation, trotz Steuer, trotz Bearbeitungskosten (Kontengebühren etc.) soviel Rendite erzielen, daß man davon leben kann, ohne die Substanz anzugreifen, sofern Sie diese für Ihre Enkel und Großenkel erhalten wollen?

Die Antwort lautet: Ja! Sie benötigen aber bei aller Vorsicht einen guten Berater; denn nur wenige haben heute den Überblick über gute und schlechte Anlagen. Fast alle Lebensversicherer bieten Ihnen die Verrentung der zur Auszahlung gelangenden Beträge an. Doch wird selten darauf hingewiesen, daß dabei die Substanz angegriffen oder völlig verzehrt wird. Geschlossene Immobilienfonds, Schiffsbeteiligungen, Kommanditanteile an Gewerbe-Immobilien, Kauf und Verleasen von Containern – alles das sind Möglichkeiten. Was aber steuerlich, risikomäßig, damit verbunden ist, wie fungibel die Anlage ist, wenn Sie dennoch mal die Anlage total versilbern müssen, damit sind Laien meist überfordert. Die Bank sorgt zuerst einmal für sich. Banken haben in dieser Beziehung bei Ermittlungen der Stiftung Warentest ein ganz schlechtes Zeugnis erhalten.

Vorsicht vor den sogenannten Finanz-Derivaten wie Optionen, Futures und Warentermingeschäften. Das sind Spekulationen auf die Zukunft. Sie kaufen zum Beispiel ein paar Sack Kaffee, natürlich ohne diesen je zu sehen oder in Ihre Stube zu stellen. Pfiffige Berater haben Ihnen weisgemacht, daß Sie diesen Kaffee nach einem Monat bereits mit zehn Prozent Gewinn wieder verkaufen können. Das kann gutgehen. Sie könnten sogar in einem Monat 15 Prozent daran verdienen (abzüglich der Provision des Optionshauses). Aber Sie können auch ebensoviel verlieren, wenn der angekündigte Frost in den Plantagen in Brasilien nicht eintritt und zudem noch gelagerte Ware auf den Markt kommt. Solche Derivate können in kleiner Beimischung zu Ihren Anlagen wie ein homöopathisches Mittel wirken, in hoher Dosierung aber wie ein tödliches Gift. Daran ist bekanntlich eine der renommiertesten Banken Englands innerhalb von einer Woche bankrott gegangen!

...andererseits ist es schließlich Ihr Geld!

So löblich das unter den Wertvorstellungen vergangener Generationen gewesen ist, den Nachkommen ein möglichst großes Vermögen zu hinterlassen, damit diese darauf aufbauen können, so spricht doch auch einiges dagegen.

Zunächst einmal werden Sie selbst einige Mittel benötigen, um den Lebensabend in einer kultivierten, würdigen Umgebung verbringen zu können. Dazu gab es im vergangenen Kapitel einiges zu lesen. Die neuen altengerechten Wohnstätten sind nicht gerade billig, ob Sie sich nun ein Eigentum erwerben, ein Teileigentum oder nur zur Miete (plus Servicekosten) wohnen.

Der Titel dieses Buches macht es sich eigentlich zum zentralen Anliegen, Sie zu ermutigen, daß Sie endlich jetzt selber was erleben können, nachdem Sie weitgehend Ihre Pflicht erfüllt und Ihre Arbeit getan haben. Sie haben gesät, geackert, gejätet, den Buckel hingehalten bei Wind und Wetter. Jetzt sollten Sie auch ernten. Jetzt sollten Sie die lang ersehnten Reisen machen, die Sie sich vielleicht stets versagt haben, weil Pflichterfüllung Vorrang hatte, weil Sie für andere dasein mußten.

Denken Sie auch daran: Sofern sich nicht nur ein Begünstigter über das Erbe freuen kann, sondern – was ja viel häufiger der Fall ist – die Hinterlassenschaft in mehrere Teile geht, gibt es meist um so mehr Ärger, je mehr zu verteilen ist. Ein großes Erbe führt häufig zu Zerwürfnissen in der Familie. Dabei sollten sie nicht nur an Bares, Wertpapiere und Immobilien denken, sondern auch an Sachwerte.

Ein ungewöhnlicher Tip: Fliehen aus den Sachwerten!

Was haben manche Menschen nicht alles angehäuft in diesen letzten fünfzig Jahren nach dem Krieg! Was ist da nicht alles gesammelt worden! Die Flucht in die Sachwerte war häufig auch eine Flucht in totes Kapital. Briefmarken, Münzen, Porzellan, Zinnfiguren, Gemälde, Graphiken und so vieles andere mehr, das bringt nur dann einen Gewinn, wenn man es in bares Geld verwandelt! Bis dahin sind alle Rechnereien nur Spekulationen – die überdies böse Überraschungen bergen.

Was hat man Ihnen oder dem sammelnden Partner alles versprochen, wie schnell diese gesammelten Stücke an Wert zunehmen! Wie hoch die jetzt schon geschätzt werden! Haben Sie mal den Versuch unternommen, diese Stücke zu verkaufen? Wenn Sie Glück haben, geht die Spekulation auf. Da begegnet Ihnen aber vielleicht nur ein Schulterzucken, wenn die Sammlung nicht vollständig ist. Oft fehlen die ersten Stücke, die editiert wurden. Diese wurden in äußerst kleiner Auflage verkauft, so daß die Nachfrage um so mehr stieg, je größer die Auflagen der nachfolgenden Stücke waren. Jeder wollte schließlich seine Sammlung vervollständigen und lief in die Falle, daß diese ersten Stücke fast unerschwinglich geworden waren. Bei einer Auflage von 200 der ersten Exemplare kann es logischerweise nur 200 komplette Sammlungen geben! Der Rest der Sammlung ist – unvollständig – nicht gefragt. Ein verlegenes Lächeln kassieren Sie statt des erwarteten Reibachs.

Die Empfehlung lautet: weg damit! Verwandeln Sie totes Kapital in Leben! Verkaufen Sie so viel wie möglich und setzen Sie das in Lebenslust um! Natürlich sprechen wir nicht von den unersetzlichen Familien-Stücken, obwohl Sie sich auch da nicht wundern sollten, wenn Ihre Nachkommen sagen:

«Omi, was sollen wir mit diesen Klamotten? Unsere Wohnung ist voll. Dir sagen diese Sachen noch was! Sie haben einen emotionalen Wert, weil ihr sie damals aus dem brennenden Haus gerettet habt. Oder weil es euer erstes Möbel war, als ihr bitterarm wart! Oder weil schon die Ururomi darauf gesessen hat oder irgendein Prinz! Wir wüßten nicht, wohin damit!»

Suchen Sie beizeiten einen Liebhaber! Hier ist im Unterschied zu Kapitel 4 an einen Liebhaber für die schönen Stücke und Sammlungen gedacht, die Ihre Kinder und Enkel gar nicht so schön finden. Je mehr Zeit Sie dafür haben, desto eher können Sie so lange warten, bis Ihnen ein gutes Angebot gemacht wird.

Lebloses in Lebenslust verwandeln! heißt die Devise. Eine schöne Schiffsreise durch die Karibik kann Ihnen niemand mehr wegnehmen. Diese Erlebnisse müssen nicht abgestaubt, nicht verschlossen, gegen Diebstahl geschützt, nicht inventarisiert, nicht vererbt und nicht versteuert werden. Dasselbe gilt auch für die kleineren, bescheideneren Erlebnisse: eine Aufführung von «Cats», eine Reise zur Basler Fasnet, eine Fahrt mit der Bahn durch das Engadin, über den Bernina-Paß nach Tirano mit vielen Aufenthalten. Karneval in Venedig oder eine Woche Stockholm. Oder: das Frühstück im Grandhotel!

Der Spruch «Man gönnt sich ja sonst nichts!» wird meist von denen mißbraucht, die sich sehr viel gönnen – von den Neureichen, deren einziger Lebensinhalt der demonstrative Konsum ist. Vielleicht kennen Sie solche Leute – und diese sind gar mit Ihnen nah verwandt. Vielleicht leben diese schon im Vorgriff auf das Erbe, ganz nach dem Motto, daß da ja üppig etwas auf sie zukommt, so daß sie jetzt nichts fürs Alter zurücklegen müssen. Wenn Sie sich tatsächlich nichts gegönnt haben, aus anerzogener Sparsamkeit und mit Rücksicht auf die Familie, dann wird es jetzt Zeit, sich etwas zu gönnen! Jetzt – solange Sie noch rüstig sind!

Jetzt können Sie Ihr Testament machen!

Jawohl, es wird höchste Zeit dazu; denn der Fiskus freut sich über jeden ungeregelten Nachlaß, abgesehen vom Streit in Ihrer Verwandtschaft und der Freude von Testamentsvollstreckern und Rechtsanwälten, wenn das Erbe nicht eindeutig geregelt worden ist. Zur Zeit geht man davon aus, daß nur jeder dritte Bundesbürger überhaupt ein Testament hinterläßt, und daß von den Testamenten, die hinterlassen werden, die Mehrzahl so abgefaßt sind, daß sie ungültig, anfechtbar oder gar schädlich sind. Viele Testamente richten großen Schaden an (den der Erblasser gerade vermeiden wollte) und zerstören sowohl die Vermögenswerte als auch die Familie.

Was den wenigsten bewußt ist: Die Erbschaftsregelungen betreffen schon bei mittleren Vermögen – also über 100 000 DM – drei Rechtsgebiete mit u. U. schwerwiegenden Folgen, also Vermögensverlusten, die zumeist zugunsten der Finanzbehörden ausfallen:

▷ das Zivilrecht, also das Erbrecht, das eheliche Güterrecht, das Sachenrecht und das Schuldrecht;
▷ das Steuerrecht, mit der Erbschaftssteuer, der Schenkungssteuer, der Vermögenssteuer und den Ertragssteuern;
▷ das Gesellschaftsrecht, und dieses nicht nur, wenn ein Unternehmen vererbt würde, wofür die einschlägigen Gesetze wie HGB, GmbH-Recht u. a. die Grundlage bilden. Sehr viel häufiger spielt bei Privatpersonen das Recht der «Gesellschaft bürgerlichen Rechts» eine Rolle. Solche GbR entstehen z. B. bei Erbengemeinschaften.

Wie alle Rechtsfragen sind die Regelungen für den Laien kaum noch zu überblicken. Wer da glaubt, er könnte sich einfach eines Nachmittags hinsetzen, einen Schreibblock und den Füllfederhalter nehmen und seinen «Letzten Willen» niederschreiben, ihn dann in einen versiegelten Briefumschlag legen und im

Schreibtisch oder Banksafe aufbewahren und es dabei belassen, der gehört wahrscheinlich zu jenen zwei Dritteln, die Fehler über Fehler und Ärger über Ärger verursachen. Übrigens: So ein Testament nach Ihrem Tode flugs im Ofen verschwinden zu lassen, ist eine der leichtesten Übungen!

Hier ist nicht der Platz, um Ihnen auch nur die allerwichtigsten Regeln zu vermitteln. Darüber informieren andere Ratgeber und Schriften des Bundesministeriums für Frauen, Jugend und Familie sowie der Verbraucher-Zentrale (stets auf die neueste Fassung achten!). Der beste Rat ist, alle Unterlagen gut vorzubereiten, so eine vollständige Vermögensübersicht, die Heirats- und Geburtsurkunden, eventuell den Ehevertrag, andere Verträge, Versicherungsdokumente etc., und sich dann einem Fachanwalt für Nachlaßfragen anzuvertrauen. Dieses Geld ist mit Sicherheit gut angelegt.

Fragen Sie Ihren Anwalt auch nach der Möglichkeit, die Vermögenswerte in eine Familien-GbR einzubringen, die für eine bestimmte Dauer gegründet werden müßte (z. B. bis zum Tode des überlebenden Ehepartners) und von einem Geschäftsführer verwaltet werden muß. Das kann ein Familienmitglied sein. Dann können die Gewinnanteile nach einem bestimmten Schlüssel an die Kinder ausgezahlt werden. Diese Lösung bringt viele Vorteile mit sich: Das Vermögen wird nicht zersplittert. Es kommt nicht zu Zwangsverkäufen, die u. U. dann unumgänglich wären, wenn ein Erbe andere auszahlen müßte. Und der Fiskus wäre nicht der lachende Dritte an Ihrem Grabe.

KAPITEL 9

▷ Politisch Lied – notwendig Lied!

«Ein garstig Lied! Pfui! Ein politisch Lied!» so läßt Goethe im «Faust» einen Studenten in Auerbachs Keller krakeelen. Daß sich diese Zeile so fest im deutschen Sprachgut festgesetzt hat, läßt auf Politik-Müdigkeit schon in viel früheren Jahren schließen. War der «typische Deutsche» je ein «Zoon politikon» – also ein Mensch, der sich dem Gemeinwesen verpflichtet fühlte? Wer jetzt ins Alter kommt, dem haben die Politiker in allen seinen Jahren ziemlich mitgespielt. So ist es verständlich, daß sich viele vom politischen Geschäft abwenden. Schließlich mußte auch die Demokratie erst erlernt werden – nach dem Nazireich und der Katastrophe des Zweiten Weltkriegs.

Viele, die im Dritten Reich etwas wußten oder ahnten, haben sich durchgemogelt nach Art der drei weisen Affen: Nichts Böses sehen, nichts Böses hören, nichts Böses sprechen. Politische Abstinenz und Unauffälligkeit, allenfalls Mitläufertum, erwies sich als ungefährlich.

Leser aus der späteren DDR haben, sofern sie sich nicht politisch für das Bessere im Menschen und die Menschlichkeit engagieren wollten, ihre Verhaltensregeln aus der Nazizeit gleich beibehalten können. Ob Geheime Staatspolizei oder Staatssicherheitsdienst war schließlich einerlei: Mit beiden wollte man nichts zu tun bekommen. Also hieß auch da das Rezept: Sich nicht einmischen, nicht die Bekennerrolle spielen, graue Maus im grauen Alltag bleiben – dann kann dir nichts passieren. Ihr Schnellkurs in Demokratie forderte ihnen dann ab 1990 einiges ab. Auf einmal war da keine klare Linie mehr zu erkennen bei denen da oben. Im Gegenteil: Die fallen übereinander her, schwingen die verbale Keule, machen sich gegenseitig fertig und bezichtigen sich – öffentlich! – des absoluten Schwachsinns. Das sollen Politiker sein, die alle zusammen nicht wissen, wo es langgeht? Die einen sagen, hier liege das Heil, die anderen zeigen in die entgegengesetzte Richtung. Nur in einem scheinen sie sich einig zu sein: im Kassieren. So geriet auch hier die Politik nicht gerade in ein gutes Licht.

So in etwa könnte in den Köpfen der Fünfundsechzig- bis Fünfundsiebzigjährigen das «politisch Lied» sich nach wie vor als «garstig Lied» anhören.

Und jetzt soll man sich zum Ende – oder besser gesagt: im dritten Akt – seines Lebens noch politisch betätigen? Wie denn? Wo denn? Hat doch alles keinen Zweck! Auf uns kleine Leute hört man doch gar nicht! Oder?

Natürlich sind da viele, die das ganz, ganz anders sehen und frühzeitig reagiert haben. Das Desaster des Nazi-Reiches, der Holocaust, der Hitler-Wahn, die Erinnerung an die Manipulation der Massen, der Krieg mit vielen Millionen Toten, die Ruinenstädte – das alles hat in ihnen ein großes Ausrufezeichen wachsen lassen: NIE WIEDER!!! Und dafür haben sie sich engagiert. Auch – und das sei ausdrücklich betont – in der damaligen sowjetischen Besatzungszone und der späteren DDR. Sie haben sich politisch engagiert, um dieses NIE WIEDER aktiv und selbstverantwortlich zu gestalten. Immerhin liegt die Wahlbeteiligung der über Sechzigjährigen stets rund 15 Prozent über der jüngerer Staatsbürger im Alter zwischen 18 und 30!

Diese politisch aktiven Mitbürger braucht man auch heute, im Alter, nicht sonderlich zu aktivieren. Sie engagieren sich meist bis ins hohe Alter für ihre Sache. Adenauer war 91, als er starb – und er war bis zum letzten Tag seines Lebens ein engagierter Demokrat. Dasselbe gilt für Kurt Schumacher und viele, viele andere.

Lesern, die bisher politisch abstinent geblieben sind und gern auch bleiben würden, sollen diese Beispiele zweierlei sagen:

Erstens: Alter ist keine Entschuldigung für politische Abstinenz!

Zweitens: Sie sollten nicht andere über Ihr Leben bestimmen lassen, sondern selber mitmischen. Nur dann können Sie Weichen stellen und vielleicht verhindern, daß Weichen in eine Richtung gestellt werden, die in Ihren Augen falsch ist.

Wer sich nicht einmischt, entmündigt sich selbst!

Man muß ja nicht gleich für den Bundestag oder den Landtag kandidieren – und auch nicht für den Gemeinderat. Es gibt so viele Möglichkeiten, sich einzumischen, die unterhalb der Ebene der «Erwählten» liegen, obwohl es sicher eine gesunde Herausforderung wäre, sich um ein Mandat zu bewerben.

Viel zu selten werden Briefe an die Politiker geschrieben. Viel zu selten lassen sich Wähler bei ihrem MdB sehen. Viel zu selten und zu schüchtern ergreift man das Wort in Wahlversammlungen oder bei Seminaren und Vortragsveranstaltungen, in denen Politiker als Referenten auftauchen. Leserbriefe sind ein weiteres Mittel politischer Aktivität.

Natürlich muß man wissen, was man will. Nur zu meckern, ist zu wenig. Konstruktive Beiträge sind gefragt. John F. Kennedy hat mit seiner Mahnung an die US-Bürger ausgesprochen, was auch uns in Deutschland und anderen Ländern zieren würde:

> «Don't ask, what the country can do for me – but ask what can I do for my country!»
> («Frage nicht, was das Land für dich tun kann, sondern frage, was du für dein Land tun könntest!»)

Gerade jetzt, wo sich abzeichnet, daß die älteren Menschen im Staat zunächst ein Drittel, später fast die Hälfte der Bevölkerung ausmachen werden, können wir nicht erwarten, daß die Jüngeren die politische Arbeit für uns erledigen und unsere Interessen vertreten. Würden sie es tun, dann käme sicher keine altengerechte Politik heraus, eher das Gegenteil, sollten sich junge Wortführer durchsetzen, die sich in Talkshows mit Sätzen profilieren wie: «Ich kündige hiermit den Generationenvertrag! Alte werden nicht mehr durchgefüttert!» Daß solche Gedanken nicht nur in halbstarken Gehirnen herumspuken, sondern auch im Wissenschaftsteil seriöser Tageszeitungen in den Raum gestellt werden, kann die Älteren nicht gleichgültig lassen. «Was wird sein, wenn die heute nur unter dem Aspekt der ‹Zumutbarkeit› geborenen Kinder bald ihre alten Eltern als unzumutbar empfinden?» las man in der seriösen FAZ.

Manch einer denkt sicher bei altengerechter Politik zunächst ans Geld, an die Rente, an Ermäßigungen. Das sind wichtige Fragen – aber das ist sicher nicht alles in einer Zeit, in der Bücher mit dem Titel «Die Altersexplosion» Furore machen und in Artikelüberschriften gefragt wird «Droht uns ein Krieg der Generationen?» Eine Talkshow macht auf mit dem Motto «Ab in die Kiste – Grufti!» Auch wenn bei näherem Hinsehen beschwichtigt wird und ein Gemeinwesen gefordert wird, das weder jugendfixiert noch altersvergessen ist, sind äußerst schwierige Probleme zu lösen. Die älteren Mitbürger sind dabei gefordert, an Lösungen mitzuarbeiten und sie nicht zu delegieren.

Politisch handeln heißt zunächst einmal, gut informiert sein, und dies nicht nur aus den Zappelbildern im Fernsehen. Dokumentationen, Bücher, Zeitschriften und Tageszeitungen sind zu lesen. Broschüren können bei der Bundesregierung und den Landtagen angefordert werden. Die Bundeszentrale für Politische Bildung hält auch und gerade für ältere Menschen wertvolle Hinweise bereit. Die Ausrede von früher: «Ich komme nicht zum Lesen. Dazu habe ich keine Zeit!» gilt jetzt nicht mehr.

Politisch handeln bietet überdies eine Vielzahl sehr interessanter Arbeitsgebiete. Ob es der schonende Umgang mit der Umwelt ist, der sichere Straßenverkehr, die Wohnungsfrage, die

Wachsamkeit gegenüber der Verschwendung öffentlicher Mittel, die Gesundheitspolitik, die gesunde Ernährung – es ist hier nicht Raum genug, um alle Problemkreise aufzuzählen, für die der Sachverstand, die Erfahrungen und die erlernten «preußischen Tugenden» der Älteren nicht dringend gefragt wären.

Politik ist nicht nur das!

Nicht nur das, was in Parlamenten und Gemeinderäten abgehandelt wird, ist mit dem Begriff «Politik» abgegrenzt. Nehmen Sie nur einmal den gesamten Bereich des Konsums und der Verbraucherpolitik, das Bank- und Versicherungswesen. Hier wird zum Teil rücksichtslos über die älteren Bürger verfügt, über sie und ihre berechtigten Anliegen und Gegebenheiten hinweg gehandelt.

Wenn der Vorstand einer Kaufhauskette auf den Vorschlag, für ältere Menschen «Seniorenbegleiter» anzubieten, damit diese sich im Trubel des Kaufhauses besser zurechtfinden, seriös beraten (und nicht für dumm verkauft) werden, damit sie überhaupt die Chance haben, mal von einem der seltenen Exemplare der Gattung «Verkäufer» zur Kenntnis genommen zu werden, mit der Bemerkung reagiert: «Wissen Sie, diese Kukident-Fraktion ist für uns uninteressant. Sie ist zu wählerisch, dreht den Pfennig ein paarmal um, bindet zuviel Verkäuferzeit...», dann wissen Sie, wo Ihr Engagement dringend benötigt wird.

Versicherungsgesellschaften und Banken bekommen von der Stiftung Warentest schlechte Noten. Vielleicht bessert sich dadurch ein wenig. Aber Sie haben in Ihrem Alter bereits den Schaden erlitten, der heute publik wird. Sie haben aus Ihren Versicherungen zu wenig Leistung erhalten, weil z. B. die sogenannten «Stillen Reserven», die mit Ihrem Geld angelegt wurden, keinesfalls bei Fälligkeit in den rückgezahlten Beträgen berücksichtigt werden. Die Unredlichkeit, mit der die treuhänderisch eingezahlten Prämien der Versicherten hin- und hergeschoben wurden, um sie dem Zugriff der Versicherten zu entziehen, wird durch Verbände und Medien angeprangert. Aber Sie sind u. U. bereits die Geschädigten. Deshalb: Mischen Sie sich spätestens jetzt ein!

Schreiben Sie an Hersteller von Geräten, die Bedienungstasten «silber auf silber» oder «schwarz auf schwarz» einprägen, in Minischrift, damit das Design nicht gestört wird, und natürlich in Englisch. Schreiben Sie an Firmen, die unverständliche und damit gefährliche Gebrauchsanweisungen beilegen, an Pharmakonzerne, die Beipackzettel in Kleinstschrift drucken lassen. Schreiben Sie an Behörden und Verwaltungen, die kaum lesbare, unverständliche Formulare und Bescheide herausgeben. Lassen Sie nichts mehr durchgehen! Auch das ist politisches Handeln!

Graue Panther oder was?

Trude Unruh hat mit ihrer Gründung der «Grauen Panther – Bund der Generationen» seit der Gründung 1975 auch unter den Älteren Unruhe gestiftet. Manchen war ihr Auftritt zu schrill; aber sie setzt dagegen: «Ein bißchen Trude gibt es nicht!» Als «Die Grauen» hat dieser Verband für den Bundestag kandidiert – bisher vergebens. Man blieb die größte außerparlamentarische Opposition. Aber die Zeit arbeitet für «Die Grauen»; denn die zukünftige Gesellschaft ist zur Hälfte «grau», was ihre Haare betrifft. Wer sich näher informieren will über das komplexe Wahlprogramm der «Grauen Panther» und ihre Aktivitäten, die sie jetzt bereits bundesweit und im Ausland entfalten, braucht nur an die Zentrale zu schreiben (Anschrift siehe Anhang).

Bisher – so muß man konstatieren – kamen Wählerstimmen für «Die Grauen» den anderen Parteien zugute; denn es gelang nicht, die Fünf-Prozent-Hürde zu überwinden. Ob dies in der Zukunft gelingen kann, und zwar auch in dem Maße, daß dadurch die politische Willensbildung maßgeblich beeinflußt werden kann, ist sehr fraglich. Zweifellos haben die «Grauen Panther» als starker und kämpferischer Bundesverband auch so Gewicht – ohne Mandate im Bundestag. Wer in der Politik für die älteren Bürger in den politischen Entscheidungsgremien etwas bewirken will, sollte zusätzlich in einer der maßgeblichen Parteien Mitglied werden und seine Stimme jener Partei geben, die klar zu erkennen gibt, wie sie die unausweichlich auf uns zukommenden Konflikte zwischen Jung und Alt zu bewältigen plant. Der vielfach angekündigte Krieg der Generationen und die Rentenkrise wird dort entschieden, wo der Reichtum der Nation erwirtschaftet wird – oder ausbleibt. Die Zahl der Arbeitsplätze und der Arbeitslosen beschreibt das Problem an der Wurzel. Neue Arbeitsplätze kann man nicht von Staats wegen verordnen. Sie entstehen durch Nachfrage nach Gütern und Dienstleistungen – im globalen Wettbewerb.

Auch Sie können noch innovativ wirken!

Hier wartet man auch auf Sie: Innovationen sind gefragt, und glauben Sie nicht einer weiteren Form der Alterslüge: Ältere Menschen seien nicht mehr innovativ und kreativ. Das ist Quatsch. Schließen Sie sich zusammen mit anderen, die noch «Hummeln unterm Hintern» haben, die sich noch nicht aufs Altenteil abschieben lassen wollen und gründen Sie Werkstätten für Reparaturen, bieten Sie Dienstleistungen an, die heute kommerzielle Unternehmen nicht mehr anbieten können, weil deren Kosten zu hoch sind. Auch das ist politisches Handeln. Vielleicht reizt es Sie sogar, sich nun mit einem kleinen Unternehmen selbständig zu machen – also mal selber Chef zu sein! Im Dienstleistungsbereich gibt es noch viele unbeackerte Felder. Oder Sie bringen als Berater im Rahmen der Initiative «Alt hilft Jung» und der Aktiv-Senioren-Organisation Ihre Erfahrungen ein.

So manches Unternehmen hält eine Fülle von Fachzeitschriften. Die Manager und Mitarbeiter finden aber gar nicht mehr die

Zeit, diese gründlich durchzuarbeiten. Tausende von Exemplaren wandern ungelesen ins Archiv oder Altpapier. Ein pensionierter Verfahrensingenieur und Chemiker bot einem Unternehmen am Ort an, einige Zeitschriften gründlich auf vorgegebene Stichwörter und Themenschwerpunkte hin durchzuarbeiten. Er fertigte von den interessanten Beiträgen sogenannte Kurzreferate von 15 bis 20 Schreibmaschinenzeilen an. Montags lieferte ein Chauffeur den neuen Stapel Zeitschriften an und holte gleichzeitig die ausgewerteten ab. Abgesehen von einem interessanten Honorar hatte der Pensionär das schöne Gefühl, immer noch auf der Höhe der Zeit zu bleiben und sein Wissen nicht verfallen zu lassen – und er hatte das wunderbare Gefühl, noch gebraucht zu werden.

Solche und ähnliche Aktivitäten bieten sich auch im politischen Bereich, bei Parteien, Bürgerinitiativen.

KAPITEL 10

▷ Sich regen, bringt Segen...

...sich räkeln, macht mäkeln. Das gilt nicht nur für Ihre politische Aktivität oder Abstinenz, die Gegenstand des letzten Kapitels war. Das gilt insbesondere für Ihre körperliche, geistige und seelische Fitneß. Gesundheit ist alles, und ohne Gesundheit ist alles nichts – pflegt man zu sagen, aber das ist auch manchmal alles. Kommt das Zipperlein, dann denken doch allzu viele an Pillen, Tabletten und Tropfen und fallen anderen mit ihren täglichen Leidensgeschichten auf die Nerven. Gesundheit – die gibt's doch auf Krankenschein – oder?

Untersuchungen haben ergeben, daß in der Tat nicht nur die Midlife-Crisis so um die 45 herum, bei den Frauen das Klimakterium, anfällige Zeiten für Krankheiten sind, sondern offensichtlich auch die sechziger Jahre. Wer in diesem Alter kränkelt oder bereits schwer leidend ist, gehört zu einer besonderen Risikogruppe. Wer aber die sechziger Jahre in blendender Kondition übersteht, hat gute Chancen, auch mit 80 noch geistig und körperlich fit zu sein. Wahrscheinlich sind mit der Umstellung vom Arbeitsleben in die dritte Lebensphase besondere Gefahren verbunden, die das Immunsystem beeinträchtigen. Jene, die diesen Übergang als Selbstwertkrise erleben, als einen Sturz in die Leere, aber auch jene, die zuvor von einer Streßsituation in die andere gestoßen wurden, drehen plötzlich hoch wie ein Motor, der ausgekuppelt wurde, ohne daß man das Gas reduziert hat. Herzinfarkte während der Arbeits- und Streßphasen treten wesentlich seltener ein als in anschließenden Ruhephasen.

Also gilt es zunächst einmal, die kritischen sechziger Jahre fit und gesund zu überstehen.

Depressionen? Sinnlosigkeit? Langeweile?

Damit sind im wesentlichen seelische Faktoren angesprochen, von denen eine starke Wirkung auf unsere Gesundheit und das Immunsystem ausgehen. Nicht ohne Grund wurde bereits im ersten Kapitel dieses Buches auf die persönliche Energiesituation verwiesen, wurden Maßnahmen aufgezeigt, wie man Störungen besser in den Griff bekommt.

Depressionen werden gerade unter den jetzt älteren Menschen oft bagatellisiert. «Für so etwas haben wir Zeit unseres Lebens keine Gelegenheit gehabt! Wir mußten in die Hände spucken und zupacken! Also hab dich nicht so!» könnte ein typischer Satz eines oder einer Fünfundsechzigjährigen sein. In der Tat, da gab es stets viel Sinnvolles zu tun. Das Wirtschaftswunder fiel nicht vom Himmel. Die Absicherung der Lebensrisiken, der erste Hausbau, die stets steigenden Anforderungen im Beruf, aber auch das Mitziehen im Strom des steigenden Lebensstandards – das waren Herausforderungen, die Langeweile nicht aufkommen ließen.

Höchstens dann, wenn die Rastlosigkeit im Urlaub gebremst werden sollte. Aber auch dann boten sich meist Auswege in einen Ersatz-Aktivismus: Berge erklimmen, Segeltörns durchstehen, fremde Länder durchstreifen, heute hier und morgen da.

Aber nun? Depressionen gehen oft mit Sinnkrisen und Langeweile einher. Ein anderes Einfallstor für Mißmut und Antriebslosigkeit ist der Wertewandel. Alles, wozu wir noch erzogen wurden, selbstverständliche Tugenden wie Fleiß, Treue, Sparsamkeit, Rücksichtnahme, gilt als überkommen. Sogar Gesetze werden zu Fall gebracht; denken wir nur an die strikten Regelungen der öffentlichen Moral. Und nun sitzt man da mit einem Gefühl, das den Menschen aus der ehemaligen DDR noch krasser zusetzt: War denn alles falsch? Wie kann das weitergehen in einer solchen libertinösen Gesellschaft, in der Beischlafszenen und Vergewaltigung, Obszönitäten und Mord täglich im Fernsehen dargeboten werden. In der es als schick gilt, sich Zahlungen zu erschleichen, die einem an sich gar nicht zustehen. Mit einer Gesellschaft, in der sich Hinterhältigkeit und miese Verhaltensformen mehr auszahlen als Anstand und Ehrlichkeit. Nicht ohne Grund hat Ulrich Wickerts Buch «Der Ehrliche ist der Dumme» ein so starkes Echo ausgelöst.

Will ich in einer solchen Welt noch leben? Ja – da beginnt die Depression! Da beginnt der verhängnisvolle Kreislauf: Mißmut, Enttäuschungen und Sinnkrisen schwächen über die Seele unseren Körper. Der Körper reagiert mit Erkrankungen dort, wo wir schon immer kleine Macken gespürt haben. Aber jetzt sind es nicht mehr Bagatellfälle. Jetzt wird man wirklich krank. Damit beschleunigt sich der psychische Energieverlust. Damit beginnt ein «circulus vitiosus» – ein verhängnisvoller, sich immer wieder selbst nach unten ziehender Kreislauf.

Deshalb müßte die Dreiheit «Körper, Geist und Seele», die uns so flüssig über die Lippen geht, eigentlich in umgekehrter Reihenfolge genannt werden: Seele, Geist und Körper.

«Das Wort, das dir hilft, kannst du dir nicht selber sagen!»

Man sagt, dies sei ein äthiopisches Sprichwort. Dann handelt es sich offenbar um eine universale Weisheit. Auch hierzulande stimmt: Die Seele heilen Sie nicht im stillen Kämmerlein! Wenn wir allerdings unter «Seelsorgern» nur Pfarrer und Pastoren verstehen, greifen wir zu kurz. Unbestritten ist, daß gläubige Menschen mit wirklich gelebter Religiosität von Depressionen wesentlich seltener befallen werden. Übersetzt man das Wort «Seelsorger» ins Griechische, so wird «Psychotherapeut» daraus. Zu ihm gehen die Menschen jedoch meist erst dann, wenn sie aus ihrer Depression nicht wieder herausfinden. Einer der besten Helfer in Depressionen aber ist der absolut zuverlässige Freund, die absolut zuverlässige Freundin, ein Partner, eine Partnerin. Denn: Das Heilmittel Nr. 1 für depressive Menschen ist und bleibt die Liebe.

Das heißt nicht, daß man sich nur liebe Worte sagen muß oder darf. Es müssen hilfreiche Worte sein. Es muß Zeit zum Zuhören sein. Oft ist es die liebevolle Hand, die dem Mißmutigen gereicht wird, um ihn zu einem sinnvollen Tun zu geleiten.

Viktor E. Frankl hat es einmal so formuliert:

> «Indem er ganz sich selbst hinterläßt, im Dienst an einer Sache, in der Erfüllung eines Sinnes oder in der Hingabe an eine Aufgabe oder an einen anderen Menschen, einen Partner, da wird er ganz er selbst!»

Insofern war alles, was Sie bisher in diesem Buch lesen konnten, auch Medizin für die Seele.

Die allerbeste Medizin ist kostenlos!

Bewegung, frische Luft, Wasser – das ist die beste Rezeptur, sofern die Seele gesund ist. Kein Leser sollte sich in dieser dritten Lebensphase seinen Alltag so strangulieren lassen, daß er keine Zeit mehr hat, um sich ausgiebig in möglichst sauerstoffreicher Luft zu bewegen. Sie müssen keine Rekorde anstreben und keine Medaillen gewinnen. Es kommt nicht auf möglichst weites und schnelles Radfahren an, nicht auf Langstrecken-Jogging und nicht aufs Siegertreppchen in der Schwimmhalle. Skilanglauf ist gesünder als wahrhaft halsbrecherische Abfahrten. Manche Menschen brauchen solche Anreize. In ihrer Persönlichkeitsstruktur ist dieses Streben, überall der Erste sein zu wollen, tief verankert. Das mag für deren Seele gut sein, in diesem Falle ist es fraglich, ob es auch dem Körper bekommt. Um sich gesund zu erhalten, sind diese Meisterleistungen nicht erforderlich. Eher kommt es auf die Regelmäßigkeit an; dann stellt sich Ausdauer von ganz allein ein.

Der Bestseller von Peter Kelder «Die fünf Tibeter» hat das «Geheimnis» regelmäßiger Körperübungen geschickt in eine spannende Geschichte gekleidet. Wahrscheinlich muß man vieles mit dem Mantel des Geheimnisvollen umhüllen, damit Selbstverständlichkeiten zur Kenntnis genommen werden.

Im Sportverein kann Alter Spaß machen!

Sicher hat fast jeder Leser schon mal etwas im Fernsehen über Senioren-Clubs, Senioren-Gemeinden, Senioren-Zentren in den USA gesehen. Na, da geht's aber wirklich her: Sport morgens, Sport am Vormittag, Sport am Nachmittag, Tanz am Abend. Vielleicht übertreffen uns die US-Bürger doch noch in Massen-Animation – um nicht Hysterie zu sagen. Nichts gegen Sport – und gegen sportliche Betätigung im Alter schon gar nicht. Aber diese TV-Dokumentationen wirken – zumal in der vom Medium her geforderten Konzentration – für viele abschreckend. Einmal ist es wirklich nicht jedermanns oder jederfrau Sache, sich immer wieder im Pulk zu bewegen, und dann ist «physical wellness», also körperliches Wohlbefinden, wirklich nicht alles.

Zweierlei sollte aber doch dabei rüberkommen: Sport ist ein immens wirksames Mittel gegen das Altern. Und: Sportliches Treiben in einem Verein mit Veranstaltungen in einer vorgegebenen zeitlichen Struktur und im Wettstreit mit anderen hilft vor allem jenen auf die Beine, die ohne diese Anreize allzuoft Ausreden vor sich selbst erfinden, weshalb sie sich heute gerade nicht in Lust und Laune befinden, ihren Trainingsanzug und die Joggingschuhe überzuziehen. Auch das Erlebnis, daß man sich mit seiner eigenen Befindlichkeit nicht gar zu sehr von anderen unterscheidet, daß andere auch Krampfadern oder ein Bäuchlein haben, auch nicht mehr wie ein Adonis oder eine schaumgeborene Aphrodite aussehen, hilft, ein Stück Selbstbewußtsein wiederzugewinnen.

Es gibt heute in allen Sportvereinen Seniorengruppen und Seniorenprogramme. Man kann auch hineinschnuppern, ohne sich gleich binden zu müssen. Adressen finden sich im Anhang. Dort bekommt man hilfreiche Unterlagen und findet freundliche Ansprechpartner.

Sport ist ja auch nicht beschränkt auf jene «Leibesübungen», an die sich vielleicht viele noch mit Schrecken erinnern, wenn sie an die Schule zurückdenken. Da mußte man sich oft an Geräten und mit Übungen herumquälen, um eine einigermaßen vorzeigbare Note zu erhalten. Jetzt zwingt Sie niemand. Jetzt steht dem Spaß kein Lehrer im Wege! Aus der Vielfalt des Angebotes für Einsteiger seien hier nur einige Sportarten herausgegriffen, um den Appetit zu wecken:

- ▷ Segeln
- ▷ Golf
- ▷ Wandern
- ▷ Gymnastik
- ▷ Kegeln
- ▷ Tanz
- ▷ Rudern
- ▷ Yoga
- ▷ Bogenschießen
- ▷ Skilanglauf
- ▷ Rückenschule
- ▷ Entspannung

Wer dann noch weiter will, kann sogar noch ein Sportabzeichen erwerben, kann an Wettbewerben teilnehmen oder an Trimmspielen mitwirken.

Der Verein wird auch – ganz im Sinne des Kapitels 6 – zu einer neuen sozialen Heimat, die Gruppe häufig zu einer neuen Familie.

Vorangehen sollte allemal ein Gesundheits-Check und eine sportmedizinische Beratung. Daß jemand aus Ihrem Bekanntenkreis Tennis spielt oder mit dem Rennrad Kilometer frißt, ist noch lange keine Empfehlung für Sie. Daß ein Freund oder eine Freundin mit ihren Ergebnissen zu imponieren versucht, sollte keine Einladung zu einem Wettstreit an der falschen Stelle sein. Schon beim Jogging ist es nicht ganz ungefährlich, sich an jemanden anderen anzuschließen, der vielleicht eine ganz andere Kondition auf die Beine bringt als Sie. Was für ihn kinderleicht ist, kann Sie an den Rand eines Kollapses bringen. Denken Sie stets daran: Auch in dieser Beziehung sind wir alle Individuen mit sehr unterschiedlicher Lebens- und Leibesgeschichte!

Wasser gibt's ohne Krankenschein

Kommen wir zum nächsten (fast) kostenlosen Jugendelixier. Wasser ist in vielfacher Hinsicht ein Gesundbrunnen. Schon als Getränk in ausreichendem Maße hilft es dem alternden Körper, den notwendigen Wasserhaushalt zu stabilisieren, und es hilft, Schadstoffe schneller hinwegzuspülen. Prickelndes Wasser auf der Haut aktiviert den Kreislauf, regelmäßige kalte Duschen mit nachträglichem Warmrubbeln machen widerstandsfähiger gegen Erkältungen. Wassertreten nach Kneipp, Tautreten über feuchte Morgenwiesen – sind Kreislaufmittel erster Güte. Auch die Sauna muß in diesem Zusammenhang erwähnt werden. Schwitzen putzt die Poren, die kalten Güsse und Tauchbäder lassen das Blut schneller pulsen. Dampfbäder galten schon bei den Römern als Quellen des Wohlbefindens.

Schwimmen und sich im Wasser bewegen bekommt unserem Zerebralsystem, der Wirbelsäule und den Gelenken in Armen und Beinen hervorragend. Gleichzeitig wird die Atmung intensiviert, die Muskeln werden trainiert. Schließlich ist auch das Bad seit Menschengedenken ein Pflege- und Heilmittel. Pflegende und lindernde Bäder kann man auch zu Hause nehmen. Enthält das Wasser noch dazu besonders wichtige Mineralien und Wirkstoffe, so kann es als Getränk ebenso wie als Bad heilend, stabilisierend, schützend wirken.

Vergessen Sie alle Diäten!

Natürlich ist eine gesunde Ernährung außerordentlich wichtig für eine lange Lebenserwartung. Natürlich hat es der Wohlstand in den Industrienationen mit sich gebracht, daß wir eher zuviel als zuwenig essen. Und wir essen in der Regel zu schnell; wobei das Zuschnell oft geradezu die Ursache für das Zuviel ist. Und wir essen allzu häufig das Falsche. Wir brauchen hier aber nicht noch mal der fettarmen und ballaststoffreichen Vollwertnahrung das Wort zu reden. Diese Empfehlungen kennen Sie zur Genüge. Sie kennen auch Ihren Cholesterinspiegel.

Übergewicht ist in Kombination mit Bluthochdruck und Nikotin eine bedeutende Todesursache. Aber auch ohne die zusätzlichen Risikofaktoren, zu denen auch der übermäßige Alkohol gerechnet werden muß, ist Übergewicht für den alternden Menschen ein Risikofaktor. Ob Ursache für Bewegungsmangel oder umgekehrt, hier sollte Einhalt geboten werden. Also doch Diäten?

Essen stellt für den Menschen schon lange nicht nur die Aufnahme lebenswichtiger Nahrungsmittel zu Zeitpunkten und in jenen Mengen und Kombinationen dar, wie es sein Organismus erfordern würde. Essen und Trinken sind Rituale, zu ritualisierten Zeiten und in ritualisierten Formen. Essen wie Trinken sind Genuß und Belohnung. Essen und Trinken sind Ersatzbefriedigungen.

Was gilt es da zu ersetzen? Wie oft sind die Kartoffelchips und gerösteten Erdnüsse ein Langeweile-Überbrücker? Wie oft dienen Süßigkeiten dem Trost oder der Selbstbelohnung, ganz in der unterschwelligen Erinnerung an unsere Kindheit, als wir zur Belohnung eine Tafel Schokolade bekamen oder zum Trost für ein aufgeschlagenes Knie ein Bonbon? Trinken haben wir als erste Form der Nahrungsaufnahme als lustvoll erlebt. Wir wurden gestillt, wenn wir lautstark zu erkennen gaben, daß uns irgend etwas quälte. Also stillen wir uns meist auch heute – und meinen nur, wir stillten unseren Durst oder Hunger.

Wir essen zu bestimmten Zeiten, ob wir Hunger haben oder nicht. Drei Mahlzeiten müssen sein – so bestimmt es ein rätselhafter Brauch. Das kann richtig sein, muß es aber nicht. Vielleicht braucht man nur zwei – vielleicht aber auch kleine Häppchen alle zwei Stunden, um den Blutzuckerspiegel zu stabilisieren.

Kontrollieren Sie daher alle Rituale, die sich eingeschlichen haben. Essen Sie dann, wenn Sie Hunger verspüren und nur so lange, bis der Hunger gestillt ist. Essen Sie langsam und stürzen Sie nicht die nächste Gabel voll schon hinunter, ehe der vorige Bissen überhaupt im Magen angekommen ist. Das sind alles Binsenweisheiten. Auch das Glas Wasser oder der Apfel eine halbe Stunde vor dem Essen zügeln den Heißhunger und nehmen dem Magen die empfundene Leere.

Mit ihrem «Fit for Life»-Programm hat das Ehepaar Diamond die alte Regel auf den Kopf gestellt, nach der wir morgens wie ein Kaiser, mittags wie ein Edelmann und abends wie ein Bettelmann essen sollten. Das Obst-Frühstück am Morgen erheischt nicht eine so ausgeprägte Verdauungsarbeit wie Fett, Wurst, Schinken, Ei und Kohlenhydrate. Dazu noch Milch und Zucker im Kaffee. Vielleicht beobachten Sie das an sich selbst: Nach einem guten Frühstück sind Sie eigentlich wieder müde. Im Büro hat man sich erst einmal einen starken Kaffee machen lassen, um fit für die Arbeit werden zu können. «Falsch!» sagen die Diamonds. Das Obst-Frühstück hält fit bis zur Mittagszeit, zieht nicht soviel Blut und Energie in den Verdauungstrakt ab – und versorgt den Körper mit allen notwendigen Vitaminen, mit Fruchtzucker und Ballaststoffen.

Damit sind wir bei einem weiteren preiswerten Jungerhalter aus der Natur angelangt: beim Apfel. In der Fülle der Vitamine, Mineral- und Ballaststoffe, der Flüssigkeit und Frische, die er uns schenkt, gleicht er einer äußerst wertvollen Medizin – in schöner Verpackung. Ohne dies gleich zu einer Diät hochstilisieren zu wollen, probieren Sie mal, morgens statt der Buttersemmeln mit Honig oder Schinken langsam zwei Äpfel zu essen. Warten Sie dann mal ab, was passiert.

Ob man dem «Fit for Life»-Lebensrhythmus – eine Diät ist es nicht! – in allem folgen will, muß jeder für sich entscheiden.

Hungern muß man dabei nicht. Es geht auch gar nicht um Gewichtsreduzierung, sondern um Fitneß.

Immer mehr kommt man dahinter, daß die Psychologie des Essens und Trinkens wesentlich hilfreichere Wege erschließt, wie man sein Idealgewicht erreichen kann, ohne sich zu kasteien, ohne Radikalmaßnahmen und Wunderkuren über sich ergehen zu lassen.

Dagmar Herzog hat in ihrem Buch «Mentales Schlankheitstraining» und den Video-Begleitkassetten deutlich darauf hingewiesen, daß Übergewicht in den allermeisten Fällen die Folge psychischer, nicht physischer Probleme ist. Dort muß man ansetzen. Wenn (Fr)Essen und Alkohol zu den hauptsächlichen Lustquellen des Lebens geworden sind, helfen alle Diäten nicht. Dann ist ein solches Mentaltraining zu empfehlen, eventuell sogar mit psychotherapeutischer Begleitung.

Wann waren Sie zuletzt beim TÜV?

Bei Ihrem Auto war das vorgeschrieben. Ein Überschreiten der Termine konnte kostspielig werden und ärgerliche Folgen haben. Und wann waren Sie mit Ihrem Körper zum letzten Mal bei einer Hauptuntersuchung oder – noch besser – bei einer Generalüberholung?

Auch unser Körper zeigt mit der Zeit Verschleißerscheinungen, und dies nicht nur im Knochenbau und den Gelenken, sondern auch bei den Drüsen, die Botenstoffe herstellen, die für unsere geistige und körperliche Fitneß unerläßlich sind. Gerade auf diesem Gebiet hat die medizinische Forschung in den letzten Jahrzehnten und Jahren enorme Fortschritte gemacht. Der Menschen vermessener Traum, unsterblich zu werden, nicht mehr zu altern, zumindest bis ins hohe Alter nicht an irgendwelchen körperlichen oder geistigen Gebrechen leiden zu müssen, hat die Wissenschaftler nicht ruhen lassen.

Für den Laien ist es allerdings nicht leicht, bei den von vielen

Seiten und tatsächlichen oder angeblichen Experten angepriesenen «Wunderdrogen» zu unterscheiden, ob man ihnen nur viel Geld aus der Tasche ziehen will, oder ob solche Angebote seriös und wirksam sind. Auch Professoren und indische Gurus in großen Inseraten schützen manchmal nicht vor Enttäuschungen.

So zahlt es sich vielleicht eher aus, sich für zwei, drei Wochen in die ganzheitliche Obhut eines Sanatoriums zu begeben, das spezialisiert darauf ist, die altersmäßigen Verschleißerscheinungen zu diagnostizieren und – möglichst in Harmonie von Naturheilmethoden und lehrmedizinischen Ansätzen – zu stoppen, wo es geht, auch zu einer spürbaren Regeneration und Rehabilitation beizutragen. Sanatorien – darunter haben sich viele bisher sterile, freudlose Anstalten vorgestellt, in denen man sich einem strengen Regiment von Weißkitteln ausgeliefert sah. Vielleicht gibt es solche Heilanstalten noch hier und da. Ihnen steht eine wachsende Zahl von Gesundheitszentren, Gesundheitsparks und Kurhotels gegenüber, in herrlichen Landschaften gelegen, mit gepflegtem Ambiente, mit ganzheitlich ausgerichtetem Kurprogramm – also auf die Revitalisierung von Körper, Geist und Seele zielenden Maßnahmen. Wo es um die Behandlung von akuten Verschleißerscheinungen oder Leiden geht, übernehmen die Krankenkassen einen Teil der Behandlungs- und Aufenthaltskosten. Aber auch dann, wenn man überwiegend auf private Rechnung kuren und sich mal für zwei, drei Wochen verwöhnen und runderneuern lassen will, sollte man daran denken, daß dies wahrscheinlich die beste Geldanlage mit der höchsten Rendite ist, ganz im Sinne der ehemaligen Gesundheitsministerin und Altersforscherin Prof. Dr. Ursula Lehr: «Nicht dem Leben Jahre hinzufügen, sondern den Jahren Leben!»

Kuren für Geist und Seele?

Das meiste kann und muß man selber unternehmen, um geistig aktiv zu bleiben. Über die Pflege unserer Psyche haben wir bereits an anderer Stelle gesprochen. Prüfen Sie aber gerade im Zusammenhang mit den soeben genannten Kur-Sanatorien, wie es um diese Programmanteile steht. Wenn mir eine Patientin schrieb: «Hier wird man morgens gesund-, nachmittags wieder krankgemacht!» geißelt sie damit einen Tatbestand, den man nicht bagatellisieren sollte. Womit fühlte sie sich an den Nachmittagen und Abenden wieder auf ihre Krankheit zurückgeworfen? Insbesondere durch ein liebloses Angebot der Freizeitgestaltung, das dann häufig darin mündet, daß man in schlecht gelüfteten, verrauchten Gemeinschaftsräumen hockt, in unappetitlichen, zerlesenen Magazinen blättert und eine Krankengeschichte nach der anderen anhören muß – oder sich in sein Zimmer zum Fernseher zurückzieht.

Fragen Sie also, ehe Sie einen solchen Kuraufenthalt buchen, nach dem kulturellen Angebot: Vorträge, Exkursionen, Kurse in neuen Fertigkeiten, Kontakte mit interessanten Menschen, Theater, Konzerte. Äußerst wichtig ist die von der Leitung diskret gesteuerte Pflege der Kommunikation unter den Gästen. Mit wem man am Tisch sitzt, entscheidet – so überraschend das klingt – erheblich über den Kurerfolg. Auch das ist Anima-tion (anima = Geist), also Be-geisterung. Geistig bereichert zu werden durch Gespräche mit interessanten Menschen wirkt eben anders, als wenn einem Patienten, zu denen man nun mal nicht paßt, ständig auf die Nerven gehen. Es sollte nicht alles dem Zufall überlassen werden. Denn dann trifft man womöglich erst in den letzten Tagen vor der Abreise den Gesprächspartner, den man sich immer gewünscht hätte.

Zu Hause sollte man dem Geistestraining täglich mindestens eine Stunde widmen, und wenn es das Lösen von Kreuzworträtseln ist, das Blättern in Lexika, das Erlernen oder Auffrischen von Fremdsprachen, die aktive Verfolgung geistig anspruchsvoller Sendungen im Fernsehen oder Rundfunk. Belesenheit, die wir an anderen Menschen häufig bewundern, können wir auch jetzt noch erwerben. Schließlich haben Sie ja noch wirklich Lesen gelernt und sind zumeist frühzeitig mit dem Medium «Buch» vertraut gemacht worden – anders als die nachwachsende Fernseh-Generation. Nutzen Sie diesen Vorzug.

Leiden Sie auch unter «seniler Bettflucht»?

Ehe wir dieses Gesundheitskapitel verlassen, sei auf ein Leiden eingegangen, das viele ältere Menschen plagt: Schlaflosigkeit!

Meist ist es ein selbst herbeigeführtes, überwiegend eingebildetes Leiden. Einige werden jetzt verärgert aufbrausen: Der Kerl weiß ja nicht, wovon er spricht! – O doch!

Das Schlimmste an der Schlaflosigkeit sind die Tabletten. Nicht minder schlimm wirkt die Vorstellung, man müsse soundso viele Stunden an einem Stück schlafen. Auch dies ist eine Spätfolge Ihrer Erziehung, als Ihre Eltern noch das Licht ausgeknipst haben, wenn Sie partout noch nicht müde waren. Wie lange Sie ununterbrochen schlafen müssen, wann Sie müde werden, das bestimmt immer noch eine bestimmte Region in Ihrem Gehirn. Und: Es ist individuell total verschieden. Der/die eine kann eine Schlafmaus sein, der/die andere ein Nachtvogel.

Dieses Rezept ist immer noch das beste: Wenn Sie nachts wach werden und nicht wieder einschlafen können, dann schlüpfen Sie in einen warmen Pullover oder Bademantel, kuscheln sich in Ihre Leseecke und schmökern, hören in aller Ruhe Ihre Lieblingsmusik oder schreiben einen Brief. Sie werden erleben, wie sehr Sie diese ruhigen Stunden zu schätzen lernen. Ein Gläschen Rotwein könnte bald wieder für die nötige Bettschwere sorgen. Denn wenn Sie dann wieder müde werden, können Sie ja wieder unter die Federn kriechen. Wer aber gegen die Schlaflosigkeit ankämpft, macht sie nur stärker. Wer sich von rechts nach links und von links nach rechts wälzt und dabei Horrorszenarien durch seinen Kopf schießen läßt, sollte dieser Qual nicht mit Tabletten, sondern damit ein Ende setzen, daß er aufsteht und sich etwas Gutes tut.

Im Alter kann man sich überdies öfter erlauben, dann ein Schläfchen zu halten, wenn einem danach zumute ist, und wenn es morgens um 11 Uhr ist.

KAPITEL 11

▷ Krankheit – Schuld oder Schicksal?

Es hieße, die Augen vor der Realität verschließen, wollte man in einem solchen Buch nicht auch auf leidvolle Schicksale alternder Menschen eingehen.

Ist der Buchtitel «Jetzt kann ich was erleben!» nicht geradezu zynisch in diesem Zusammenhang?

Anfänglich sind es wahrscheinlich nur Ängste. Schon im ersten Kapitel sind wir auf die Ängste, ihre Gefahren und den richtigen Umgang mit Ängsten aller Art eingegangen. Gerade Ängste, die sich auf mögliche Leiden, auf vielleicht schon latente Anzeichen von körperlichen Gebrechen beziehen, sollten wir niemals bagatellisieren. Denn Ängste haben oft zur Folge, daß gerade das eintritt, wovor man Angst hat.

Wenn man von unheilbaren Kranken im Verwandten- und Bekanntenkreis erfährt, oder auch hört, daß prominente Schauspieler, daß große Persönlichkeiten von schweren Krankheiten gezeichnet sind, dann wehrt sich oft unser Unterbewußtsein, indem es nach dem Grund sucht. Warum hat es diese Menschen getroffen? Haben sie zuviel Alkohol getrunken? Zuviel geraucht? Drogen genommen? Gehören sie einer Risikogruppe an? Haben sie Raubbau mit ihrer Gesundheit getrieben? Exzessiv gelebt? Waren sie erblich belastet?

Wenn wir glauben, einen Grund gefunden zu haben, und uns zurücklehnen können, ausgesprochen oder unausgesprochen sagen «Selbst schuld!» oder «Könnte mir nicht passieren!» – dann sind wir beruhigt.

Andere sind vielleicht Hypochonder, das heißt solche Mitmenschen, die nur von irgendwelchen Symptomen einer Krankheit zu hören oder zu lesen brauchen und schon überzeugt sind, daß sie bereits beginnen, unter genau dieser Krankheit zu leiden. Wird im Fernsehen von einer Grippewelle berichtet, beginnen sie zu niesen, spüren einen rauhen Hals und Fieberschauer.

Dr. med. John Harrison hat Aufsehen erregt mit seinem Buch «Liebe deine Krankheit – sie hält dich gesund». Krankheit ist für ihn – und für viele andere Mediziner und Psychologen – «die körperliche und seelische Folge ungelöster Konflikte beziehungsweise unbefriedigter Bedürfnisse und nicht zu vergleichen mit dem Defekt an einer Apparatur, der durch äußere Faktoren zustande gekommen ist». Unter den Vorteilen, die eine Krankheit einbringt, zählt Harrison auf:

Man erweckt dadurch Aufmerksamkeit, es wird einem mehr Liebe entgegengebracht, und man muß nichts leisten. Es liest sich amüsant, wenn er schreibt, daß die übliche Erkältung für einige «der beste Freund und für manche der einzige» sei. Doch sollten wir uns nicht täuschen, das kann zum bitteren Ernst werden:

Wenn Menschen im Unterbewußtsein erleben, daß sie nur dann besucht werden, daß sie nur dann Blumen geschenkt bekommen, daß ihnen nur dann Liebe entgegengebracht wird, wenn sie krank sind, kann das Unterbewußtsein diese Krankheit herbeisehnen. Der Körper – in erheblichem Maße vom Unterbewußtsein gesteuert – läßt die Immunkräfte erlahmen – und schon fallen Viren und Bazillen über diesen Menschen her, der Widerstand gegen ständig in uns latent vorhandene Krebszellen läßt nach.

Arbeits- und Unfallmediziner haben nachgewiesen, daß sogar zwischen der Unfallneigung und nicht bewältigten Lebenskonflikten ein enger Zusammenhang besteht. Wenn man ständig den Kopf voll hat mit Problemen, achtet man vielleicht nicht so sehr auf Gefahrenquellen. Wenn man sich psychisch gebrochen fühlt, ist zur physischen Gebrechlichkeit der Weg nicht weit.

Steckt also hinter der Krankheit doch mehr Schuld als Schicksal? Es gibt sicher schicksalhafte Erkrankungen und viele durch noch soviel Vorsicht nicht abwendbare Unfälle. Von den drei unheilvollen A-Krankheiten Alzheimer, Aids und Alkoholismus ist die Alzheimersche Krankheit nach dem gegenwärtigen Stand der medizinischen Forschung eine schicksalhafte Erkrankung, die sich an Gute und Böse heranschleichen kann. Viele Fälle von Aids sind durch Fremdverschulden wie z. B. unsaubere Blutkonserven verursacht. Immer mehr Babys kommen bereits mit Aids auf die Welt.

Wer will über jene den Stab brechen, die Alkoholiker geworden sind? Natürlich – hier ist ein Eigenverschulden eher angezeigt, was auch immer den Werdegang des Alkoholikers eingeleitet haben mag.

Das Eigenverschulden liegt in der fehlenden Bereitschaft, frühzeitig Hilfe in Anspruch zu nehmen. Dies aber gilt für fast alle Leiden! Deshalb ergeht hier die nachdrückliche Aufforderung an die Leser, frühzeitig etwas gegen die zunehmende Krankheitsanfälligkeit und gegen Altersgebrechen zu tun. In Kapitel 10 waren bereits wertvolle Hinweise enthalten: Verschleißerscheinungen können um so wirksamer gedämpft oder gar gebremst werden, je früher man damit anfängt – und je konsequenter man dann zu Hause die Regeln befolgt, die man aus einem Gesundheitszentrum oder Kursanatorium mitbringt.

Prävention – also vorbeugende Maßnahmen – ist billiger als Restitution, so sie denn überhaupt möglich wäre. Das haben auch die Krankenkassen erkannt und fördern präventive Maßnahmen.

Was leisten Geriatrika?

Unter Geriatrika versteht man pharmazeutische Produkte, die insbesondere in der Altersmedizin eingesetzt werden, um Erkrankungen, Fehlsteuerungen des Organismus, Minderleistungen bestimmter Organe, typische Altersschwächen positiv beeinflussen zu können.

Unterschieden werden muß zwischen solchen Geriatrika, die ausschließlich im Rahmen einer ärztlichen Behandlung eingesetzt werden, und solchen, die frei in der Apotheke zu kaufen oder vom Versandhandel zu beziehen sind.

Hier kann uns zunächst nur die Frage nach der Wirksamkeit frei verkäuflicher Geriatrika beschäftigen. Dabei begegnet man weit auseinanderliegenden Meinungen:

Die einen sagen, solche frei verkäuflichen Mittelchen gegen das Altern, gegen Vergeßlichkeit, gegen Verdauungsbeschwerden und Kreislaufprobleme nützten vor allem dem Hersteller, weil sie ihm die Kasse füllen. Außer einem Placebo-Effekt, also einer Wirkung durch Einbildung, würden sie nennenswerte Resultate nicht erbringen. Andere – auch Ärzte – attestieren zumindest einigen von ihnen eine nachweisbare Wirksamkeit.

Der Laie sollte sich jedenfalls an die Mahnung halten, die im Fernsehen allabendlich hundertmal zu hören ist: «Zu Risiken und Nebenwirkungen lesen Sie den Beipackzettel und fragen Sie Ihren Arzt oder Apotheker!»

Der Apotheker empfiehlt sich dabei als erste Anlaufstelle, sofern man nicht ohnehin in der Betreuung durch einen Hausarzt steht. In der Apotheke gibt es ein breitgestreutes Angebot von frei verkäuflichen Stärkungs- und Aktivierungsmitteln, sei es gegen nachlassende Konzentrationsfähigkeit, gegen Durchblutungsstörungen, Schlaflosigkeit, Verdauungsbeschwerden, Appetitlosigkeit. Man braucht eigentlich dem Apotheker nur seine Befindlichkeit zu schildern, und er wird sofort in seine Regale oder Schubladen greifen. Fragen Sie ihn in der Tat nach den Nebenwirkungen, und lassen Sie sich diese nicht nur mit Fachausdrücken erklären.

Vorsicht aber bei Empfehlungen aus Ihrem Umkreis. Wenn ein Präparat jemand anderem geholfen hat, auch wenn Sie bei der Schilderung seiner Befindlichkeiten immer wieder sagen mußten: «Ja, genau wie bei mir!» – dann muß dieses Wundermittel nicht auch bei Ihnen anschlagen. Jeder Organismus ist anders, hat andere Schwachstellen, ihm fehlen andere Spurenelemente – wenn überhaupt. Je teurer ein Präparat ist, desto eher neigen die Käufer dazu, seine Wirkungen zu verherrlichen; denn kaum jemand will sich dabei ertappen lassen, er habe sich für ein paar hundert Mark etwas andrehen lassen, was sich als Flop erwiesen hat. Psychologen nennen das «cognitive Dissonanz» – die Neigung, eigene Fehlentscheidungen vor sich selbst und vor anderen in Erfolge umzumünzen.

Eine Nebenwirkung haben fast alle diese Produkte: Sie leeren Ihren Geldbeutel; denn längst haben die Hersteller entdeckt, daß den älteren Menschen die Mark locker sitzt, wenn es um die ewige Jugend geht. Das gilt noch mehr für Mittel aus dem Versandhandel. Versprechungen in der Fernsehwerbung, in Inseraten sind verlockend. Es finden sich auch immer Professoren, die sich für kurze gutachtliche Äußerungen in solchen Inseraten gut bezahlen lassen. Bei genauem Lesen stellt man fest, daß diese Versprechungen sehr vage und unverbindlich sind. Wie viele Kurpackungen sind erforderlich, um das angestrebte Ergebnis herbeizuführen? Muß man sich gar auf ein Dauerabonnement einlassen? Wird man sich getrauen, eines Tages das Präparat wieder abzusetzen?

Sogenannte Seniorenfahrten mit dem Bus in schöne Ausflugsorte zu verdächtig niedrigen Preisen werden ebenfalls immer wieder veranstaltet, um am Zielort, nach zufriedenstellender Bewirtung, phantastische Mittel zur Beseitigung aller Zipperlein zu verkaufen; natürlich auch Rheumadecken, Heizkissen und Fußwärmer, Sprudeleinsätze für die Badewanne. Seien Sie äußerst vorsichtig. In den meisten Fällen gibt es diese Waren im Einzelhandel oder Spezialversandhandel viel preiswerter. Für andere gilt: Sie müssen dran glauben – im Doppelsinn dieser Redewendung!

Was rät der Facharzt?

Hierzu führten wir ein Interview mit Dr. med. Michael Wiedemann, Chefarzt des Wiedemann-Kursanatoriums und Gesundheitszentrums in Ambach am Starnberger See.

Herr Dr. Wiedemann, Ihr Vater, Dr. Fritz Wiedemann, gilt als ein Pionier auf dem Gebiet der Altersprophylaxe und Revitalisierungskuren. Er hat nach dem Zweiten Weltkrieg bis zu seinem Tode 1991 eine Vielzahl von Präparaten entwickelt, die teilweise frei im Handel erhältlich sind, zum großen Teil jedoch ausschließlich im Rahmen einer Kur – insbesondere einer Serum-Kur – hier, in anderen Gesundheitszentren, Sanatorien oder im Rahmen einer ärztlichen Behandlung verabreicht werden.

Dr. M. W.: «Ja, mein Vater hat z. B. das bekannteste Produkt zur Revitalisierung des Körpers im Alter, das KH 3, auch als Procain bekannt, zum wirksameren H7-Recicain weiterentwickelt.»

Wie kann der Laie erkennen, ob und inwieweit frei verkäufliche Geriatrika nützlich und sinnvoll für ihn sind?

Dr. M. W.: «Das ist auch für einen Fachmann außerordentlich schwierig zu beurteilen. An jeder Darstellung dieser Präparate ist sicher ein bißchen was dran. Doch gilt: Wo alles drin ist, ist wahrscheinlich von allem zu wenig drin. Schon allein die noch vertretbare Größe eines Dragees setzt hier Grenzen. Selbst bei unserem neuen MegaVit-Präparat, Dragees mit einer hohen Vitamin-Procain-Mineralstoff-Kombination, mußten wir auf die Beigabe von Vitamin C sowie Calcium und Magnesium verzichten, weil sie in genügend hohen Dosierungen die Darreichungsform gesprengt hätte.

Die Wirkung von sogar in Drogerien frei erhältlichen Stärkungs- und Revitalisierungsmitteln kann in einem Falle recht zufriedenstellend sein, wenn die Wirkstoffkombination einen entsprechenden individuellen Mangel zu reduzieren vermag, kann aber in anderen Fällen kaum objektiv spürbar ausfallen.»

Die Deutsche Gesellschaft für Ernährung sagt, der Durchschnittsdeutsche nähme mit seiner täglichen Nahrung bei einer vernünftigen Nahrungsmittel-Kombination genügend Vitamine und Mineralstoffe zu sich.
Dr. M. W.: «Dieser Tagesbedarf ist jedoch an keiner Stelle wissenschaftlich vertretbar definiert und getestet worden. Er ist außerdem individuell sehr verschieden. Da spielt das Alter eine Rolle, aber insbesondere auch Streßfaktoren, die Umweltbelastung und Risikofaktoren. Ein Raucher benötigt beispielsweise viel mehr solcher Stoffe als ein Nichtraucher.»

Halten Sie die Eigen-Medikation und Revitalisierungskuren zu Hause mit frei verkäuflichen Geriatrika grundsätzlich für sinnvoll? Gegebenenfalls unter welchen Bedingungen?
Dr. M. W.: «Grundsätzlich kann man dabei nicht viel falsch machen, schon weil – wie bereits gesagt – die gemäß Packungsbeilage eingenommenen Mengen der Wirkstoffe recht niedrig dosiert sind.

Präparate in höheren Dosierungen fallen ebenfalls noch nicht unter die Medikamente. Es sind eher Nahrungsmittel-Ergänzungsstoffe, die auf Empfehlung und Rezept des Hausarztes in der Apotheke verkauft, allerdings nicht von den Kassen bezahlt werden. In den USA kann man diese Nahrungsmittel-Ergänzungsstoffe – sogar Procain – in fast jedem Supermarkt kaufen. Werden Vitamine in zu hohen Mengen verabreicht, so ist dies bei den meisten insofern unbedenklich, als die nicht benötigten Mengen meist schnell wieder ausgeschieden werden.

Während einer Kur kann man natürlich gezielter vorgehen. Wir wissen – so wie die Ärzte in anderen Kliniken auch – aus der gründlichen Untersuchung des Patienten, welche Mangelsituationen angezeigt sind.»

Wie hoch schätzen Sie den Placebo-Effekt ein? Wieviel Wirkung beruht also auf der Einbildung des Konsumenten?
Dr. M. W.: «Der spielt sicher auch bei den frei erhältlichen Stärkungs- und Revitalisierungsmitteln eine Rolle. Die Wirksamkeit von Vitamingaben oder Procain ist jedoch im Tierversuch nachgewiesen. Bei Tieren aber kennt man keinen Placebo-Effekt!»

Immer wieder ist in den Medien von wahren Wunderdrogen die Rede. So soll sich z. B. DHEA (Dehydroepiandrosteron) äußerst positiv auf die Gehirnleistungen auswirken und wird in den USA bereits als Nahrungsmittelzusatz rezeptfrei angeboten. Was ist davon zu halten?
Dr. M. W.: «Eine Wunderdroge ist DHEA sicher nicht. Wir Ärzte stehen allen Wunderdrogen skeptisch gegenüber. DHEA ist seit langem bekannt. Es wird vom Körper selbst in großen Mengen produziert, aber auch schnell ausgeschieden. Es ist ein Abbauprodukt von Testosteron. Ob sich Gedächtnisinhalte tatsächlich nach zusätzlichen DHEA-Verabreichungen festigen, muß weiterer Forschung vorbehalten bleiben. Auch ob eine nachlassende DHEA-Produktion im alternden Körper die Alzheimersche Krankheit begünstigt.»

Wann empfehlen Sie dem alternden Menschen, eine Präventiv- und Revitalisierungskur anzutreten? Gibt es besondere Anzeichen, auf die man achten sollte?
Dr. M. W.: «Grundsätzlich sollte man ab 40 jedes Jahr einmal eine gründliche Untersuchung vom Hausarzt vornehmen lassen.

Je weiter man dieses Alter überschreitet, desto dringlicher wird sie. Man sollte nicht erst warten, bis Beschwerden auftauchen; denn auch jene umwelt-, alters- und verschleißbedingten Veränderungen im Körper, die noch nicht weh tun, lassen Gefahren erkennen. Je früher ihnen entgegengewirkt wird, desto größer die Chancen, sie zu beseitigen oder zu mildern.»

Ihr Haus ist bekannt dafür, daß es soviel Naturheilmittel wie möglich einsetzt und soviel lehrmedizinische Behandlungen wie nötig. Wo ziehen Sie die Grenze zwischen Kuren in Revitalisierungssanatorien und einer Behandlung in einer Klinik für Frührehabilitation?

Dr. M. W.: «Sind die von Ihnen so bezeichneten drei ‹A› – Alzheimer, Aids, Alkoholismus – und/oder die vier ‹I› – Inkontinenz, Invalidität, Inkompetenz (Demenz), Immobilität – angezeigt, so ist die Behandlung in einer geriatrischen Fachklinik beziehungsweise Spezialklinik erforderlich. Natürlich können wir – wie auch andere Kursanatorien – Rollstuhlpatienten in bezug auf andere Alterserscheinungen mit meist guten Erfolgsaussichten behandeln, aber nicht ihre Invalidität oder Immobilität rückgängig machen. Wir können allerdings im Frühstadium den vier ‹I› entgegenwirken, daß die Wahrscheinlichkeit geringer wird, daß sie zum Ausbruch kommen – von Unfallfolgen natürlich abgesehen.»

Soweit der Chefarzt einer Kurklinik, deren es viele in Deutschland gibt. Sie weisen sehr unterschiedliche Spezialitäten und Kuren für sehr unterschiedliche Indikationen aus. Es gibt ausgesprochene Reha-Kliniken (reha = Rehabilitation), z. B. für rheumatische Erkrankungen, Unfallfolgen oder Herz-Kreislauf-Leiden. Wer sich informieren will, fragt den Haus- oder Facharzt. Auch gibt der Deutsche Bäderkalender, der alljährlich vom Flöttmann-Verlag in 33246 Gütersloh herausgegeben wird, Auskunft.

Die deutschen Kurbäder werden es nicht gern lesen, jedoch muß man auch auf hervorragende Kurbäder im Ausland, vor allem in den ehemaligen Ostblockstaaten wie Ungarn und Slowenien, verweisen, bei denen eine Kurwoche mit Chefarztbetreuung, mit allen Verabreichungen und Therapien sowie gepflegter Unterkunft soviel kostet wie ein Tag in Deutschland. Das ist für Selbstzahler ein wichtiger Hinweis. Ein Problem dabei ist leider noch immer die Sprache. Deshalb sollte man stets eindringlich fragen, ob gut deutschsprechende Kräfte im medizinischen Bereich tätig sind. Auch im Freizeitbereich nach den täglichen Anwendungen und Therapieprogrammen sollte es nicht zu sprachbedingter Isolation kommen.

Ist die Einweisung in eine Klinik für Akutgeriatrie und Frührehabilitation der Anfang vom Ende?

Hierzu befragte ich den Chefarzt des Zentrums für Akutgeriatrie und Frührehabilitation am Krankenhaus München-Neuperlach, Herrn Professor Dr. med. habil. Robert Heinrich.

Prof. R. H.: «Sterben müssen wir alle mal, aber 80 bis 85 Prozent der älter werdenden Bevölkerung versterben in der Nähe der biologischen Altersgrenze an einer akuten Erkrankung, die sie etwa ein halbes Jahr vor dem Tod befällt. 15 bis 20 Prozent unserer Mitbürger haben bereits lange vorher an verschiedenen Krankheiten gelitten. Sie sind, wir wir Ärzte sagen, ‹multimorbid›. Für sie ist das Altern mit großen Schwierigkeiten verbunden; dementsprechend nehmen sie 70 Prozent aller Gesundheitsressourcen in Anspruch. Sie sind Dauerkunden in Krankenhäusern und in der Geriatrie, weshalb wir auch vom ‹Drehtüreffekt› sprechen. Wie alt wir werden, ist tatsächlich zu einem Teil Schicksal, nämlich erb- und genbedingt, zum anderen Teil auch in unsere Verantwortung gestellt.»

Man sagt, wer erst einmal sein 65. Lebensjahr gesund überstanden hat, ist aus dem Gröbsten heraus...
Prof. R. H.: «Ja, ein Siebzigjähriger hat im Durchschnitt noch eine Lebenserwartung von 14 Jahren, wovon er allerdings sechs Jahre in sozialer Abhängigkeit verbringen wird. Ein Achtzigjähriger gehört zur ‹Überlebenselite›. Er ist dem Verkehrstod entkommen, ebenso dem Herzinfarkt der mittleren Jahre und den Tumoren. Jetzt hat er noch eine mittlere Lebenserwartung von acht Jahren.»

Um zurückzukommen auf die Eingangsfrage: Wie sehen die Chancen der Patienten aus, die zu Ihnen in die Geriatrie kommen?
Prof. R. H.: «Unser Ziel ist es, die Alterspatienten so schnell wie möglich wieder in die Umgebung zurückzuführen, aus der sie kommen. Das steckt schon in dem aus der lateinischen Sprache entlehnten Wort ‹Rehabilitation›: ‹habilis› heißt beweglich, ‹rehabilis› also ‹wieder beweglich›. ‹Habitare› heißt ‹wohnen›, auch bei diesem Wort kann man vom Wortstamm eine Anleihe machen: Der Patient soll wieder zu Hause wohnen. Das gelingt uns auch sehr gut; denn 90 Prozent unserer Patienten kommen aus der häuslichen Umgebung, und 75 Prozent kehren auch dorthin zurück. Sie sind im Schnitt 79 Jahre alt, 74 Prozent unserer Rehabilitanden sind Frauen, dementsprechend nur 26 Prozent Männer. Unsere Motivation heißt: *heim, aber nicht Heim*, wenn es irgendwie geht. Das war auch der Titel des 2. Münchner Werkstattgesprächs ‹Geriatrie› im Jahre 1993.»

In diesem Buch ist schon häufiger von den vier «I» die Rede gewesen, von denen auch Dr. Michael Wiedemann der Ansicht war, daß Heilungs- und Besserungschancen dafür in der Geriatrie am ehesten gegeben seien.
Prof. R. H.: «Wir sprechen inzwischen von 12 ‹I›. Zu den bisher im Buch genannten kommen wesentliche hinzu. Ich möchte ins-

besondere die Isolation und die Impecunity, also die Armut im Alter, hervorheben, die beide in einem wesentlich höheren Maße die älteren Menschen heimsuchen, als wir uns vergegenwärtigen.

Die 12 «I» der Altersleiden

Immobilität
Inkontinenz
Instabilität (Stürze in der Wohnung durch Schwindel oder nicht wahrgenommene und berücksichtigte Hindernisse)
Isolation (Alleinsein)
Insommnia (Schlaflosigkeit)
Impecunity (Armut)
Impotenz
Iatrogen (Störungen durch sich wechselseitig negativ auswirkende Pharmaka)
Irritables Kolon (Darmerkrankungen)
Immundefizit (Nachlassen der Widerstandskraft gegen Infekte u. a.)
Intellektueller Abbau (Demenz)
Impaired eyes and ears (Seh- und Hörschwäche)

Isolation, also die Vereinsamung des älteren Menschen, ist dabei ein Alterungsfaktor und Krankheitsauslöser allererster Bedeutung. Wie die Leser aus der folgenden kleinen Grafik ersehen können, steigt mit dem Alter die Versorgungsbedürftigkeit des Menschen. Zugleich sinkt aus mannigfaltigen Gründen die Möglichkeit zur Versorgung durch die Familie. Es ist also sehr zu unterstreichen, wozu Sie bereits an einigen Stellen in diesem Buch geraten haben: Gerade der alternde Mensch sollte sich eine neue familiäre Umgebung, neue Freunde bis hin zu erotischen

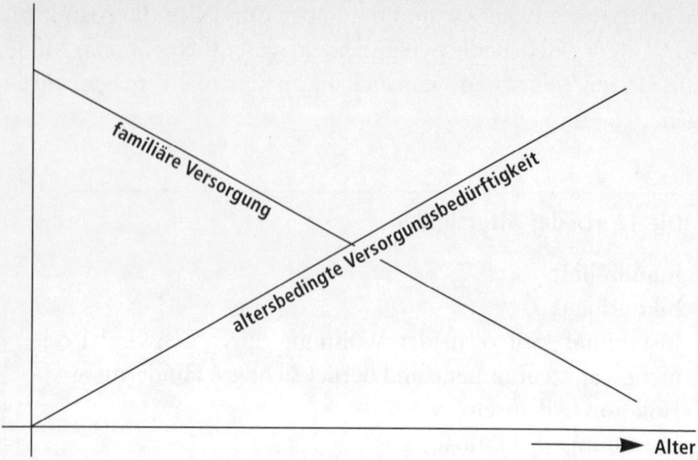

Kontakten suchen. Wo dies nicht gelingt, wird die Krankheit zum unbewußten Freund: Der Arzt, die Schwester, der Pfleger sowie die anderen Patienten verschaffen dem alten Menschen, woran es ihm gebricht: Gespräche, Nähe, Berührtwerden, Versorgtwerden.

Ein intaktes soziales Umfeld kann fast alles, jedenfalls aber sehr, sehr vieles auffangen, was sonst in pathologische und auch psychopathologische Befunde mündet. Vereinsamte Menschen erleiden auch einen rapiden Verlust ihrer geistigen Leistungsfähigkeit, wenn sie dieses Defizit nicht durch Rundfunk und Fernsehen, Lesen und Rätsellösen auszugleichen versuchen.»

Können Sie jenen, die geriatrische Leistungen in Anspruch nehmen müssen, einen Tip geben?
Prof. R. H.: «Sie sollten sehr darauf achten, daß sie bekommen, was sie wirklich brauchen, und daß sie nicht bekommen, was sie

nicht brauchen. Nicht die Spitzentechnologie der Apparate-Medizin und die Fülle der Medikamente darf den alleinigen Schwerpunkt bilden; jedenfalls nur in einer Akutphase. Es sind vielmehr die Leistungen der Rehabilitation, der Gymnastik, der physikalischen Anwendungen, der Ergotherapie (Beschäftigungstherapie), aber auch der Neuropsychologie, die die Voraussetzungen für eine Rückkehr in die eigene Umgebung schaffen. Es sind Maßnahmen, die der stark zunehmenden Altersdepression entgegenwirken. Sie müssen darauf bestehen, daß sie ‹wiederbefähigt› werden, in ihrer eigenen Umgebung zurechtzukommen. Wir sehen es auch als unsere Aufgabe an, soziale Kontakte in die Wege zu leiten.»

Was kann man selber tun, um möglichst lange einen großen Bogen um das Krankenhaus machen zu können?
Prof. R. H.: «Vieles steht darüber in diesem Buch. Mir fällt dazu aber ein Tip ein, den ich in einem klugen Buch gefunden habe:

‹Führe jeden Tag deinen Hund spazieren,
auch wenn du keinen hast!›

Damit ist nicht nur der heilsame Zwang zu mehrmaligen täglichen Spaziergängen gemeint, sondern auch die zeitliche Strukturierung des Tages. Man sollte sich tatsächlich einer zeitlich strikten Tagesordnung unterwerfen. Ein Teil des Rehabilitationseffektes unserer Klinik, insbesondere also der Tagesklinik, besteht in den zeitlichen Zwängen: Frühzeitig aufstehen, damit man fertig ist, wenn der Bus kommt. Dann in ein straffes Tagesprogramm eingebunden werden, das keine Langeweile aufkommen läßt. Spätnachmittags müde nach Hause kommen, so daß man gut schläft.»

Kann man sich eigentlich selber prüfen, ob man geriatrische Hilfe in Anspruch nehmen sollte? Viele gerade ältere Menschen gehen ja nicht gern zum Arzt, weil sie sich nicht eingestehen wollen, daß sie an einer Alterserscheinung leiden …
Prof. R. H.: «Viele leiden ja auch gar nicht. Selbst der Arztbesuch ist häufig nicht durch eine akute, diagnostizierbare Erkrankung ausgelöst. Das Ziel ist vielmehr der soziale Kontakt. Man kauft sich Zuwendung auf Krankenschein.»

Ein abschließender Tip?
Prof. R. H.: «Der Trick ist, jung zu sterben – und das so spät wie möglich.»

Vielen Dank für dieses Gespräch.

KAPITEL 12

▷ Schrullig werden? – Bloß das nicht!

In meinem Rowohlt-Taschenbuch «Liebe in Pension – Wie sich Beziehungen nach dem Arbeitsleben ändern» fand das Kapitel «Reden ist Gold – sich anschweigen ein Verhängnis» bei den Lesern besonders starke Beachtung. «Das hätten wir am Anfang unserer Ehe wissen müssen, dann wäre vieles besser gelaufen!» In diesem Ausspruch könnte man die typischen Kommentare zusammenfassen.

Es ist in der Tat kaum zu verstehen, weshalb wir nicht viel früher in unserem Leben, also schon während der Schulzeit, die wichtigsten Gesetzmäßigkeiten und Regeln gelingender oder auch mißlingender, konfliktreicher Kommunikation erlernen. Schüler könnten dann ihre Lehrer besser verstehen, Lehrer ihre Schüler. Kommunikation ist schließlich eine der lebenswichtigsten Bedingungen des Lebens, vergleichbar mit der Nahrungsaufnahme und der Atmung – und wichtiger noch als die Sexualität. Experimente – und zwar geradezu unmenschliche – haben gezeigt, daß Babys ohne jegliche Möglichkeit zu kommunizieren, sehr bald sterben. Daß man Menschen, die schwere Verbrechen begangen oder sich in Diktaturen politisch mißliebig gemacht haben, in Einzel- und Schweigehaft sperrt, kommt der Verurteilung zu einem langsamen, qualvollen Tod gleich, zumindest zu einer allmählichen Verblödung.

Vielleicht nimmt man an, daß Menschen das Kommunizieren ebenso lernen wie das Essen, das Trinken, das Laufen. Dabei ist es wesentlich komplizierter, zumal es ein Prozeß ist, der zwischen zwei oder mehreren Personen abläuft, die unterschiedliche Lernspuren erlebt haben und erleben. Das ist uns oft gar nicht bewußt. Einfache Wörter wie z. B. «Vater» rufen in den Gesprächspartnern unterschiedliche Vorstellungen ab, beileibe nicht den des männlichen Erzeugers eines Kindes. Jeder hat ein anderes Vaterbild gespeichert; denn es ist ja naheliegend, zunächst an den eigenen Vater zu denken. Der kann gütig oder tyrannisch, fleißig oder ein Trunkenbold, ein Hort des Wissens oder ein Dummbeutel gewesen sein, man kann sich an seine Gegenwart erinnern oder ihn nie kennengelernt haben. Menschen, die ein schlimmes Vaterbild mit ins Leben genommen haben, fällt es u. U. schwer, das Vaterunser zu sprechen. Ohne daß uns dies bewußt ist, setzen wir jedoch voraus, daß der Gesprächspartner unter Vater dasselbe versteht wie man selbst. Wenn schon solche Komplikationen auftauchen können, wie sehr können die Inhalte von Wörtern wie «Freiheit», «Treue», «Ehe» voneinander abweichen!

Kommunikation läuft nicht nur verbal ab, sondern zu einem ganz bedeutsamen Teil nonverbal, ohne Wörter, nur mit Gesten, mit der Mimik und Körperhaltung, durch die Art, sich zu bewegen, durch Kleidung, Schmuck, Frisur und unendlich viele andere Ausdrucksweisen. Diese aber haben sämtlich keinen eindeutigen Inhalt. Sie werden gedeutet – und häufig ziemlich falsch.

Nun aber, in der dritten Lebensphase, kommt der verständnisvollen, hilfreichen Kommunikation eine noch stärkere Bedeutung zu. Dies aus mehreren Gründen:

▷ Jetzt leben wir mit unserem Partner jeden Tag (24 Stunden) zusammen. Früher hatte das Berufsleben dieses Zusammensein um fast die Hälfte eines jeden Arbeitstages unterbrochen. Viele Partner werden zugeben, daß sie oft ganz froh sind, wenn der andere mal zum Einkaufen geht, zu Freunden, zum Kegeln, also irgendwo anders hin, so daß man mal allein ist und sich auf sich selbst besinnen kann. Das heißt zugleich aber: Die ständige Anwesenheit des Partners ist in gewisser Hinsicht anstrengend, zumal dann, wenn man sich aufgrund räumlicher Enge nicht Freiräume gewähren kann. Da man sehr lange mit dem Partner zusammenlebt, kommt eventuell Langeweile auf. Er oder sie ist und bleibt vielleicht – durchaus nicht nur im positiven Sinne – der Alte oder die Alte. Er/sie ist uninteressant geworden, wenn einer oder keiner von beiden etwas dagegen unternimmt.

- ▷ Mit zunehmendem Alter werden viele Menschen ungeduldiger, eigensinniger, intoleranter – und dies gilt für beide Partner. Sie können und wollen sich ihre eigenen Beschränkungen, ihre Selbstwertkrisen nicht eingestehen und suchen die Ursachen gern bei anderen. Oder einfach nur einen Blitzableiter. Sie würden vielleicht gern ausbrechen, aber trauen sich nicht. Die Oma, die diesen Text begleitet, hat das Glück, nunmehr ausbrechen zu können, was sie sich an der Seite ihres verstorbenen Mannes Theo nicht getraut hätte. Da hat sich vieles angestaut. Leicht können im Alter Dämme brechen und Verwüstungen anrichten.
- ▷ Sicher spielt auch gelegentlich ein gewisser Neid gegenüber der Jugend eine Rolle, die es aus dem Blickwinkel der jetzt Älteren besser hat, als diese es im selben Alter haben erleben dürfen. Deren Freizügigkeit, deren Erlebnisspielraum, deren Konsummentalität stehen unter vielen anderen Dingen im Kontrast zu den Entbehrungen, zu den strengeren Sitten und zur erzwungenen Sparsamkeit in der eigenen Jugend. Wenn man Texte aus dem alten Griechenland und Rom liest, dann hat noch jede ältere Generation die Lasterhaftigkeit, Verschwendungssucht und Untauglichkeit der nachfolgenden Generationen beklagt.

Alles dies fließt ein in Inhalte und Stil der Gespräche. Junge Leute zucken mehr oder weniger verständnisvoll mit den Schultern und sagen: «Die Alten, die schnallen das einfach nicht mehr!» oder «Na ja, sie haben ihre Schrullen!»

Ja, wir haben eine andere Lernspur!

Bedeutsame Teile unserer Kommunikation werden bereits in der frühen Kindheit geprägt. Man spricht geradezu von einem «Kind-Ich», das jeder bis ins hohe Alter in sich trägt. Was wir in den ersten drei Lebensjahren gefühlsmäßig erlebt haben, worüber wir froh, worüber wir traurig waren, was uns Lust und was uns Unlust bereitet hat, ist vieldimensional in uns abgespeichert und kaum löschbar. Vieldimensional heißt, daß wir uns an Bilder, an Geräusche, an Gerüche, an Genüsse oder ekelerregende Dinge erinnern, die wir in frühester Kindheit erlebt haben. Sie kennen das: Ein Bild in einem Märchenbuch oder auf einer nostalgischen Postkarte läßt ganze Szenarien wieder vor Ihren Augen entstehen. Eine Sirene läßt den Puls schneller schlagen – Erinnerungen an Fliegeralarm! Die Hand, die zärtlich über den Arm streicht, weckt im Unterbewußtsein die Erinnerung an lustvolle Berührungen durch die Mama.

Eine zweite, nicht minder wichtige Quelle unserer Kommunikation entspringt dem bereits im zweiten Kapitel erwähnten Eltern-Ich, das – ebenfalls kaum löschbar – alle Erziehungsregeln, alle Normen und Werte, die Maßstäbe für Gut und Böse, für Zulässiges und Unzulässiges gespeichert hat. Hier ist der Nährboden für unser Wörtchen «man»: Was man tut – und was man nicht tut. Man ist sparsam, pünktlich, sauber, ordentlich, fleißig, bescheiden, sorgsam, rücksichtsvoll und so weiter. Viele, viele Lebensweisheiten, Sprichwörter und Redewendungen sind hier abrufbereit: Morgenstund hat Gold im Mund! Aber auch: Alter schützt vor Torheit nicht!

Jeder von uns, auch wenn wir noch so lange mit einem Partner zusammenleben, hat sein ganz individuelles Kind- und Eltern-Ich bewahrt. So, wie sich ältere Menschen auf einmal immer präziser an ihre Kindheit erinnern, die Gedichte von damals aufsagen können, die Liedertexte von der ersten bis zur letzten Strophe vorsingen, wie sie fotografisch genau z. B. die Küche der

Wohnung beschreiben können, in der sie aufgewachsen sind, so drängen im zunehmenden Alter die Inhalte von Kind- und Eltern-Ich wieder nach vorn – und kollidieren mehr oder minder mit der Gegenwart.

Gefühle verschaffen sich Vorfahrt!

Was immer wir sehen, hören, riechen, fühlen, schmecken – stets reagieren als erste Instanz unsere Gefühle –, und zwar spontan, ohne unser Zutun, ohne daß wir uns dessen immer bewußt sind. Diese aktivierten Gefühle bestimmen unsere verbale oder nonverbale Erst-Reaktion, also unsere Gesten und die Mimik. Die Werbeleute machen sich diesen Effekt zunutze, um in uns Sympathien für Produkte, für Dienstleistungen, für Parteien und Firmen zu wecken. Daß wir heute viele Gegenstände des täglichen Bedarfs wieder in Verpackungen kaufen können von «anno dunnemals», liegt nicht daran, daß uns die Designer einen großen Gefallen tun wollen: Sie wollen nur unsere Erinnerungen an «die gute alte Zeit» benutzen, um vor allem die älteren Menschen dadurch zum Kauf zu bewegen.

Für Ihre Art, Gespräche zu führen oder auf Gespräche, auf Wörter, auf Bilder zu reagieren, bedeutet dies, daß Sie sich dessen bewußt sein sollten: Ihre Gefühle sind – und das ist keineswegs ein Werturteil – von alters her geprägte Gefühle. Auf andere können sie wie Schrullen wirken. Neue Gefühle in sich zu wecken, ist außerordentlich schwer, ja fast unmöglich. Sie werden sich immer an den alten reiben.

Die zweite Instanz, die bei jeder verbalen oder nonverbalen Kommunikation angesprochen wird und reagiert, und zwar ebenfalls sehr spontan und kaum überlegt, ist Ihr Eltern-Ich. Sie messen alles an den «altbewährten, ewigen Tugenden und Werten». Nur, daß diese eben nicht «von heute» sind. Schwillt Ihnen da schon der Kamm? «Opa (oder Oma) – das sehen wir heute viel, viel lockerer!» Kennen Sie solche Sätze?

Wenn nun in Gesprächen – wie stets – zwei verschiedene Kind-Ichs und Eltern-Ichs miteinander kommunizieren, zwei aus «der guten (oder schlechten) alten Zeit» oder Jung und Alt, dann kann es zu Konflikten kommen, wenn man nicht verständnisvoll ist. Verständnisvoll sein heißt: Den anderen verstehen *wollen*. «Make love – not war!» Diese Regel, liebevolle Verständigung herbeizuführen, anstatt den Konflikt zu suchen, ist im Alter wichtiger denn je.

Unser Wissen ist manchmal auch nur ein Vorurteil

Im Erwachsenen-Ich halten wir Zeit unseres Lebens unser Wissen, unsere Fähigkeit zur Logik, zum Rechnen, zum rationalen Verhalten abrufbar – sofern wir diese Datenbestände pflegen. Häufig kommt es zum Streit zwischen älteren Menschen oder zwischen Jung und Alt, weil beide Seiten von unterschiedlichen Wissensinhalten ausgehen. Beide Seiten sind natürlich überzeugt davon, daß nur sie über die unanfechtbare, richtige Wahrheit verfügen. Der Psychologe Paul Watzlawick sagt: «Jeder Mensch meint, daß seine Wirklichkeit die wirkliche Wirklichkeit ist!» Aber diese Wirklichkeiten und Wahrheiten unterscheiden sich. Nicht immer kann man ein Lexikon als Schlichter zu Hilfe nehmen.

Was uns älteren Menschen in unserer Jugend von Elternhaus, Schule und sogar der Hochschule als Wissen vermittelt worden ist, entspricht aus heutiger Sicht oft nicht mehr gesichertem Wissen. Wir müssen auch hier – schmerzlich – erleben, daß wir gelegentlich «von gestern» sind. Glücklich kann sich schätzen, wer in all seinen Jahren stets bereit war, sein Wissen auf dem neuesten Stand zu halten und Altes gegen Neues auszutauschen. Neue Lebensformen im Alter fordern von uns geradezu, auf der Höhe der Zeit zu bleiben, täglich Zeitung zu lesen, die aktuellen Nachrichten und Dokumentationssendungen im Fernsehen zu verfolgen – und alles in Frage zu stellen, was uns von alters her überkommen oder in Erinnerung geblieben ist.

Was wir damals gelernt haben, war allzu häufig manipuliertes Lehrbuchwissen. Wir sollten die Wahrheit gar nicht erfahren, sondern nur, was den Oberen gerade gut für uns und insbesondere für sie selbst erschien.

Paradox mutet die Erfahrung an, daß gerade solche Wissensinhalte, die schon damals, als sie uns vermittelt wurden, keineswegs auf Wahrheit beruhten, sondern auf Vorurteilen, Glaubenssätzen und Ideologien, heute oft mit Zorn und Eifer als richtig verteidigt werden. Vielleicht will man nicht zugeben, damals dies alles geglaubt und unkritisch hingenommen zu haben.

Greifen wir als besonders fatales Beispiel die nationalsozialistische Rassenlehre heraus. Daß «Polacken» und «Kanaken», daß die «Nigger» nun einmal geistig minderbemittelt seien, mag mancher Stammtischbruder unbelehrbar und streitsüchtig behaupten – und ist nicht von seinem Irrglauben abzubringen. Er wird hundert Beispiele anbringen, und sich dadurch, daß Sie hundert Gegenbeispiele anführen oder auf hundert westeuropäische Dummbeutel verweisen, nicht beeindrucken lassen. Das sind besonders gefährliche Schrullen. Solche halsstarrig beibehaltenen Vorurteile im Gewand von gesichertem Wissen sind Gift für die Kommunikation. Sie können Ehen und Freundschaften zerstören, können hilfsbereite Menschen auf harte Geduldsproben stellen. Auch hier müssen wir vermuten, daß solche Inhalte, die in früher Zeit in die Gehirne eingeschleust wurden, im Alter wieder stärker in den Vordergrund drängen.

Das Gehirn scheint wie ein Lagerraum mit einem Zugang zu funktionieren: Was zuletzt hineingestellt (gelernt) worden ist, wird zuerst herausgenommen (vergessen). Was zuerst hineingestellt wurde, steht hinten und wird als letztes herausgenommen oder bleibt gar ständig darin. Räumen wir also gründlich in unserem Lager auf. Weg mit dem alten Kram, der sich bei näherer Prüfung als Mogelpackung erweist. Das schützt uns davor, schrullig zu werden.

Was kränkt, macht krank!

Diesen Satz haben Sie schon oft gelesen oder gehört. Man kann ihn nicht oft genug ins Gedächtnis zurückrufen. In der Tat haben Sie es in der Hand – sollten wir besser sagen: in Ihrem Mund? –, Ihren Partner krank zu machen oder auf lange Zeit glücklich und gesund zu erhalten.

Paul Watzlawick hat ein Grundgesetz der Kommunikation formuliert:

Du kannst nicht nichtkommunizieren!

Alles, was wir in Gegenwart anderer tun oder lassen, ist Kommunikation.

Jede Kränkung durch einen lieblosen Gesprächsstil, durch lieblose Umgangsformen, durch Lieblosigkeit in der Kleidung, durch Verletzung des Selbstwertes, Unaufmerksamkeiten, durch Herabsetzung des anderen, ebnet den Weg für Krankheiten. Der Lebenswille erlischt, das Immunsystem wird geschwächt. Will der Partner dieses Schicksal nicht erleiden, so muß er weggehen; vielleicht zuerst nur in die Kneipe, zum Stammtisch, zum Strickkränzchen. Er/sie beginnt ein Eigenleben zu führen. Aus dem Miteinander, das zu einem Gegeneinander entartet ist, wird erst ein Nebeneinander – dann kommt die Trennung.

Oft ist uns nicht bewußt, wie es zu einer Kränkung kommt. Der Kommunikationswissenschaftler Prof. Dr. Friedemann Schulz von Thun hat solche Vorgänge sehr leicht verständlich beschrieben mit seinem Modell von den «Vier Seiten einer Nachricht» (siehe hierzu die folgende Abbildung).

Vier Seiten einer Nachricht

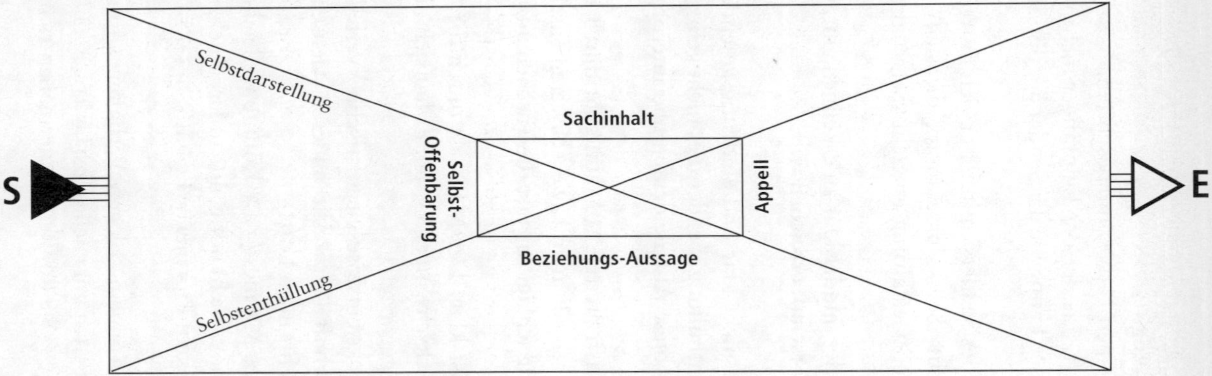

Abbildung 5
Jede Nachricht, die wir absenden oder empfangen (z. B. im Gespräch), enthält eigentlich vier Botschaften: erstens den sachlichen Inhalt, zweitens eine Aussage über die Beziehung des Senders zum Empfänger, drittens eine Selbstoffenbarung des Senders, die z. T. gewollt (Darstellung), z. T. ungewollt (Enthüllung) erfolgt. Schließlich viertens einen offenen oder versteckten Appell an den Empfänger, der eine Reaktion auslösen soll. Welcher Teil der Nachricht vom Empfänger vorrangig aufgenommen wird, hängt von seiner Situation ab. – Je mehr Bestandteile der Nachricht klar und eindeutig wahrnehmbar sind, desto weniger ist der Vermutung und Bewertung durch den Empfänger überlassen.
Siehe F. Schulz von Thun, Miteinander reden: Störungen und Klärungen, Hamburg 1981 (rororo)

Er unterscheidet vier Bestandteile einer jeglichen (also auch einer nonverbalen) Mitteilung:

1. Die Sachbotschaft, die einen Tatbestand beschreibt.
2. Die Beziehungsbotschaft, aus der der Empfänger mehr oder minder richtig herauslesen kann, wie der Sender der Botschaft zum Empfänger steht.
3. Die Selbstoffenbarung des Senders, mit der er sich ins rechte Licht zu setzen versucht (Selbstdarstellung), die sich aber auch seiner willentlichen Gestaltung entzieht (Selbstenthüllung).
4. Der Appell, der mehr oder minder klar zu erkennen gibt, was der Sender mit seiner Botschaft erreichen will.

Werden diese vier Anteile nicht klar und eindeutig gesendet – ausgenommen die Selbstenthüllung, bei der dies nicht gelingt –, dann muß der Empfänger diese Anteile deuten und interpretieren.

Ein Beispiel soll das illustrieren: Ein Mann geht durch eine Pendeltür. Hinter ihm geht eine Frau mit zwei schweren Taschen in beiden Händen. Die Tür schlägt ihr fast die Taschen aus der Hand.

Die Sachbotschaft (1) ist klar: Der Mann ist durch die Tür gegangen und hat sie zurückschwingen lassen. Er hat sich nicht umgeschaut und ist weitergegangen.

Wir tippen auf ein rücksichtsloses, egoistisches Verhalten nach der Beziehungsbotschaft (2): «Alle anderen Menschen, insbesondere Frauen, sind für mich Luft!»

Die Selbstdarstellung des Mannes (3 a)? Könnte vielleicht so gedeutet werden: «Ich habe es nicht nötig, auf andere Rücksicht zu nehmen! Ich bin doch kein Pförtner!» Er hat sich selbst als Flegel enthüllt (3 b).

Der Appell (4), der von einem solchen Verhalten ausgeht, könnte lauten: «Kümmert euch um euch selbst!»

Das alles sind Deutungen. Sie können einigermaßen richtig,

aber auch ganz falsch sein. Zufällig trifft die Frau diesen Mann wenig später. Diesmal hat er einen Hund an der Leine und ist völlig atemlos. «Ist mir der Hasso doch wieder mal entwischt! Ich habe ihn gerade noch zurückholen können, sonst wäre er unter ein Auto gekommen!» Ach so, ja dann – haben wir uns geirrt.

Will man gut kommunizieren, ist es ratsam, insbesondere die Beziehungsbotschaft – den wichtigsten Teil – mitzusenden. Sitzt die Frau mit Lockenwicklern am Frühstückstisch, so mag das lieblos und eine Zumutung sein. «So was mutet sie mir zu!» mag sich der Partner denken. Empfängt sie ihn aber mit dem Satz: «Liebling, entschuldige bitte, daß ich dir diesen Anblick zumute, aber ich muß ganz überraschend beim Basar mithelfen und konnte gestern nicht mehr zum Friseur gehen. Du willst doch auch, daß deine Frau schick aussieht...», dann kommt rüber, daß ihr die Beziehung zu ihrem Partner sehr viel wert ist.

Gute Kommunikation sendet Energien!

Wer sich noch an das erste Kapitel erinnert, wo über die Energieströme gesprochen wurde, wird jetzt verstehen, daß gute Kommunikation starke Energieströme zum Partner rüberschickt, daß aber lieblose Kommunikation beim Partner erhebliche Energieverluste verursachen kann. Achten Sie darauf, daß Sie ein starker Energiequell für den Partner, den Freund, die Freundin und alle Menschen sind, die Sie umgeben. Dann werden Sie erleben, daß viele Energieströme zu Ihnen zurückfließen. «Willst du geliebt werden, so liebe!» wußte schon Seneca der Ältere. Lieben und Geliebtwerden – das ist höchstes Glück und hält lange gesund!

«Aber eines kann ich ihm/ihr nicht vergessen...»

Im Laufe eines ereignis- und erlebnisreichen Lebens gelingt es nicht immer, daß man stets das richtige tut, daß man stets auf dem Wege der Tugend bleibt. Es gibt Ausrutscher, Krisen, verflixte Jahre nicht nur im siebten. Es gibt Vorgänge, bei denen man es gut gemeint hat – eine Sache aber so entsetzlich schiefgegangen ist, falsch angekommen, ungeschickt formuliert war.

So hört man immer wieder, wenn man versucht, zwischen Partnern, zwischen Eltern und Kindern und Kindern und Eltern, zwischen Freunden und Freundinnen Frieden zu stiften, etwas wieder geradezubiegen, die harte Entgegnung: «Nein, und wenn ich hundert Jahre alt werde, das vergesse ich ihm/ihr nie und nimmer!»

Es ist leider so, daß solche nicht bewältigten, nicht verarbeiteten Konflikte in der dritten Lebensphase leicht wieder aufbrechen wie eine nicht verheilte Wunde. Das sind ja auch Seelenwunden. Jetzt, wo man fast den ganzen Tag miteinander verbringt, wo sich vielleicht dazu noch kleine Unzulänglichkeiten und Ärgernisse häufen, platzt es plötzlich aus uns heraus. Dann kommt Vorwurf über Vorwurf. Offensichtlich neigen Menschen dazu, eine Art Negativkonto über nahestehende Menschen zu führen. Jetzt, aus irgendeinem vielleicht lächerlichen Anlaß, wird der Kontoauszug präsentiert. Der Gesprächspartner addiert nun seinerseits die Liste der mutmaßlichen Verfehlungen. Es werden Gegenrechnungen präsentiert. Plötzlich tauchen Posten auf, von denen man nie vorher erfahren hat. Und die Haare im Waschbecken, die Kippen im Blumentopf, der Mundgeruch, die stinkigen Socken, der stets offene Brotkasten und das auf einmal übelriechende Aftershave – das alles ballt sich zu einer verhängnisvollen Sprengladung.

Solche Eruptionen, die Dreck und Schwefel in die häusliche Atmosphäre schleudern, ereignen sich meist spät abends oder dann, wenn durch andere Ereignisse die Nerven bereits strapaziert sind. Man ist weit davon entfernt, die Vernunft walten zu lassen, weit davon entfernt, sachlich zu bleiben. Weit und breit ist niemand da, der schlichten, der die Wogen glätten und die Verletzungen heilen könnte.

Wie kann man sich davor schützen? Denn es dürfte nach den Aussagen dieses und der anderen Kapitel kein Zweifel daran bestehen, daß sich solche heillosen Auseinandersetzungen sofort auf das körperliche Wohlbefinden auswirken – und daß sie auch hier heilungslos wüten können. Noch dazu, wenn es keine Möglichkeit gibt, zumindest für eine gewisse Zeit Abstand voneinander zu gewinnen. Eine Trennung ist vollzogen – ob nun räumlich oder nicht. Es wird nie wieder wie vorher.

Darin liegt die Chance. Jetzt liegt hoffentlich alles auf dem Tisch – oder wird vielleicht eine noch geheimere Liste geführt? Mit einem Versöhnungsschnaps am nächsten Morgen wird nichts geheilt, allenfalls alles wieder verdrängt bis zum nächsten Vulkanausbruch. Und die Lava glüht lange nach.

Auch hier gilt aber: Vorbeugen ist besser als heilen. Lassen Sie es gar nicht erst dazu kommen. Versuchen Sie auch nicht, in einem Anflug von vollkommener Offenheit, wie sie oft in Partnerschaftsseminaren gepredigt wird, auf einmal reinen Tisch zu machen. Hüten Sie sich vor gruppendynamischen oder pseudoreligiösen Guru-Trainings! Vor Selbsterfahrungsgruppen, die vorgaukeln, hier und heute etwas aufzuarbeiten. «Hier und heute» – also am Seminarort vor all den anderen mag das gelingen, aber reicht das auch für zu Hause?

Gerald G. Jampolsky hat in seinem Büchlein «Lieben heißt die Angst verlieren» ein Kapitel überschrieben: «Vergebung ist der Schlüssel zum Glück». Diesen Schlüssel brauchen Sie jetzt, in der dritten Lebensphase, dringender denn je.

Vielleicht machen Sie ein kleines Zeremoniell daraus. Jeder schreibt – ohne Kenntnis des anderen! – alles auf, was er auf dem Negativkonto registriert hat, jeden Posten auf einen kleinen Zettel. Ein paar dieser Posten, die das gegenwärtige und zukünftige

Zusammenleben betreffen, werden zur Seite gelegt und später in Wie-Fragestellungen umformuliert:

- ▷ Wie können wir erreichen, daß Du Deine Haare nicht immer im Badezimmer verteilst?
- ▷ Wie können wir erreichen, daß Du Deine Socken in den Korb für Schmutzwäsche legst?
- ▷ Wäre es ein großes Opfer für Dich, wenn Du ein anderes Aftershave mit mir zusammen aussuchen gingest?
- ▷ Wie könnten wir erreichen, daß Du nicht gerade dann den Staubsauger anstellst, wenn ich am Sonntagmorgen meine Lieblingsmusik hören will?

Die anderen Zettel, die die Vergangenheit betreffen, der vermutete oder tatsächliche Seitensprung, die Lüge, bei der man den anderen ertappt hat, die vergessenen Blumen zum Hochzeitstag, das Verpetzen bei der Schwiegermutter und so weiter, werden ohne vorherige Offenbarung feierlich in ein offenes Feuer geworfen.

«Verzeih mir, daß ich nicht immer perfekt und ein Engel war!» Das sollten sich beide geloben – und damit sollten alle Konten als vernichtet gelten. Vielleicht füllen Sie ein bißchen Asche in ein Glas und stellen es in die Vitrine, sichtbar für jeden.

> «Ich kann mir selbst nicht vergeben, solange ich nicht bereit bin, anderen zu vergeben. Es spielt keine Rolle, was jemand mir scheinbar in der Vergangenheit angetan hat oder was ich glaube, Schlechtes getan zu haben. Nur durch Vergebung kann meine Befreiung von Schuld und Angst vollständig werden»,
>
> schreibt Jampolsky.
>
> Denn es ist so: So lange ich Negativkonten über andere führe, muß ich vermuten, daß diese es ebenso tun. Vor diesen Schuldaufhäufungen, offen oder zumeist heimlich, habe ich Angst. Diese Angst zerstört die Liebe, meine Fähigkeit zu lieben ebenso wie die, Liebe von anderen zu empfangen.

Liebe aber brauchen wir, um noch ein schönes, langes, erlebnisreiches Leben führen zu können.

– Jetzt können Sie was erleben! –

▷ Wieder Appetit am Leben

«Guten Tag, Oma! Na, wie geht's deinem neuen Freund?»

«Guten Tag, Renate! Du interessierst dich für Robert?»

«Na ja, ich wollte mal wissen, was ihr so vorhabt!»

«Wie soll ich das verstehen?»

«Na ja, dann will ich mal nicht weiter um den heißen Brei reden. Jetzt kommt ja Weihnachten auf uns zu...»

«Ach – und ihr macht euch Gedanken, ob ihr Robert mit einladen müßt?»

«Nein, nein! Es ist nur so, wir haben ja immer den Heiligen Abend und den ersten Feiertag miteinander verbracht. Das war ja auch schön so – en famille! Aber dieses Jahr wollen wir verreisen!»

«Und da soll ich mich um die Kinder kümmern und ums Haus, um die Katze und alles? Meinst du das?»

«Na ja, nicht ganz. Die Kinder fahren mit uns. Wir wollen zum Skilaufen in die Berge. Natürlich machen wir uns Gedanken darüber, daß du dann ganz allein bist, es sei denn...»

«Es sei denn, Robert ist bei mir – oder?»

«Ja, genau! Dann könntet ihr es euch doch bei uns im Haus gemütlich machen...»

«Ich fürchte, Renate, das wird nicht gehen. Ich wollte euch ja auch schon anrufen deshalb. Aber ich hab's halt auch vor mir hergeschoben. Das ist nämlich so: Robert hat mir ein tolles Weihnachtsgeschenk gemacht. Wir fliegen zusammen nach Gran Canaria und machen dort über Weihnachten und Neujahr eine Wiedemann-Kur. Da verbinden wir das Gesunde mit dem Schönen!»

«Ach so? Und wer kümmert sich ums Haus und die Katze?»
«Vielleicht Nachbarn?»
«Na, du bist mir eine Oma! Zuckelst durch die Welt...»
«...und läßt uns im Stich, wolltest du doch sagen, oder?»
«Na ja, es erleichtert nicht gerade unsere Pläne!»
«Renate, ich kann euch gut verstehen. Jahrelang, nein, jahrzehntelang war ich immer angebunden: Theo, die Kinder, meine Eltern, meine Schwiegereltern, dieses Haus, jenes Haus, dann die Enkelkinder, der Garten, Blumengießen, Katzenhüten. Verstehe es bitte: Jetzt will *ich* mal was erleben. Es ist spät genug. Durch die Kur wollen wir uns wieder fit machen damit wir nicht so schnell das Zipperlein bekommen. So lange es noch geht, wollen wir reisen, die Welt sehen. Ich bin ja doch nie rausgekommen. Papa wollte ja nicht raus aus seinen vier Wänden. Er wollte immer seine Ruhe. Dann konnte er nicht mehr. Theo hätte auch besser daran getan, sich früher um seine Gesundheit zu kümmen. Und er hätte nicht soviel runterschlucken sollen... nicht soviel Ärger und nicht so viele Pillen.»
«...und wann kommt ihr wieder?»
«Mitte Januar wird es wohl werden. Wir wollen noch einen Abstecher nach Madrid machen. Es liegt ja auf dem Weg!»
«Und was wird aus Weihnachten?»
«Nun, ich denke, ihr seid euch längst darüber im klaren, daß ihr in den Schnee fahren wollt, ohne die Oma? Und nur hier rumsitzen, die Katze streicheln, die Blumen gießen und den Tannenbaum angucken, dafür bin ich zu jung. Ich will mal sagen: Robert hat mich wieder jung gemacht. Hat mir wieder den Appetit am Leben geweckt. Wir haben viel Spaß miteinander. Vielleicht heiraten wir ja noch!»
«Waaas? Ist das dein Ernst?»
«Verlobung unterm Tannenbaum im Steigenberger Gran Canaria, das hätte doch Stil. Renate, ich sage dir das von Frau zu Frau: Genieße das Leben! Alt wirst du noch früh genug. Ich merke jetzt erst mal, wieviel ich verpaßt habe. Vielleicht kommt

daher mein Lebenshunger. Noch vor wenigen Monaten hatte ich entsetzliche Angst vor dem Alter. Aber jetzt bin ich wieder jung. Alter ist zu einem großen Teil Einbildung. – Also, dann macht euch mal keine Sorgen um eure Oma. Wenn ihr zurück seid vom Skilaufen und wir vom Sandstrand, holen wir das Fest nach und zeigen uns unsere Dias.»

«Ich weiß gar nicht, wie ich das deinem Sohn beibringen soll!»

«Sag ihm einen schönen Gruß, seine Mama sei weder eine Alarmanlage fürs Haus noch eine Katzenmutter! – Aber ich will mal rumfragen bei unseren Chinesen – du weißt schon, bei meiner Chinesisch-Gruppe in der Volkshochschule. Vielleicht wohnt von denen jemand in der Nähe und kann täglich mal nach dem Rechten sehen.»

«Na, dann tschüs!»

Herr, erhalte mich liebenswert!

Gebet eines Seniors

Herr, du weißt es besser als ich, daß ich von Tag zu Tag älter und eines Tages alt sein werde.

Bewahre mich vor der großen Leidenschaft, die Angelegenheiten anderer ordnen zu wollen.

Lehre mich, nachdenklich, aber nicht grüblerisch, hilfreich, aber nicht diktatorisch zu sein.

Bei meiner ungeheuren Ansammlung an Weisheit tut es mir leid, sie nicht weiterzugeben, aber du verstehst, Herr, daß ich mir ein paar Freunde erhalten möchte.

Lehre mich schweigen über meine Krankheiten und Beschwerden. Sie nehmen zu – und die Lust, sie zu beschreiben, wächst von Jahr zu Jahr. Ich wage nicht, die Gabe zu erflehen, mir Krankheitsschilderungen anderer mit Freude anzuhören, aber lehre mich, sie geduldig zu ertragen.

Ich wage auch nicht, um ein besseres Gedächtnis zu bitten – nur um etwas mehr Bescheidenheit und etwas weniger Bestimmtheit, wenn mein Gedächtnis nicht mit dem der anderen übereinstimmt.

Lehre mich die wunderbare Weisheit, daß ich mich irren kann. Erhalte mich so liebenswert wie möglich. Ich weiß, daß ich nicht unbedingt ein Heiliger bin, aber ein alter Griesgram ist das Krönungswerk des Teufels.

Lehre mich, an anderen Menschen unerwartete Talente zu entdecken, und verleihe mir, Herr, die schöne Gabe, sie auch zu erwähnen.

Aus dem Englischen erarbeitet (Verfasser unbekannt) von Ingeborg Wingert

▷ ANHANG

Einige Daten zum Alter

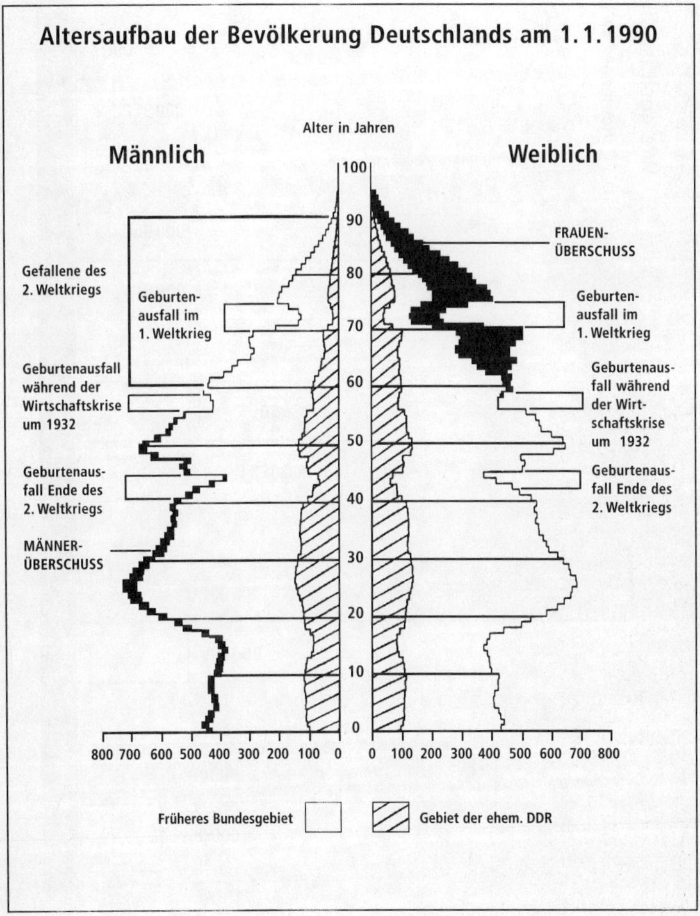

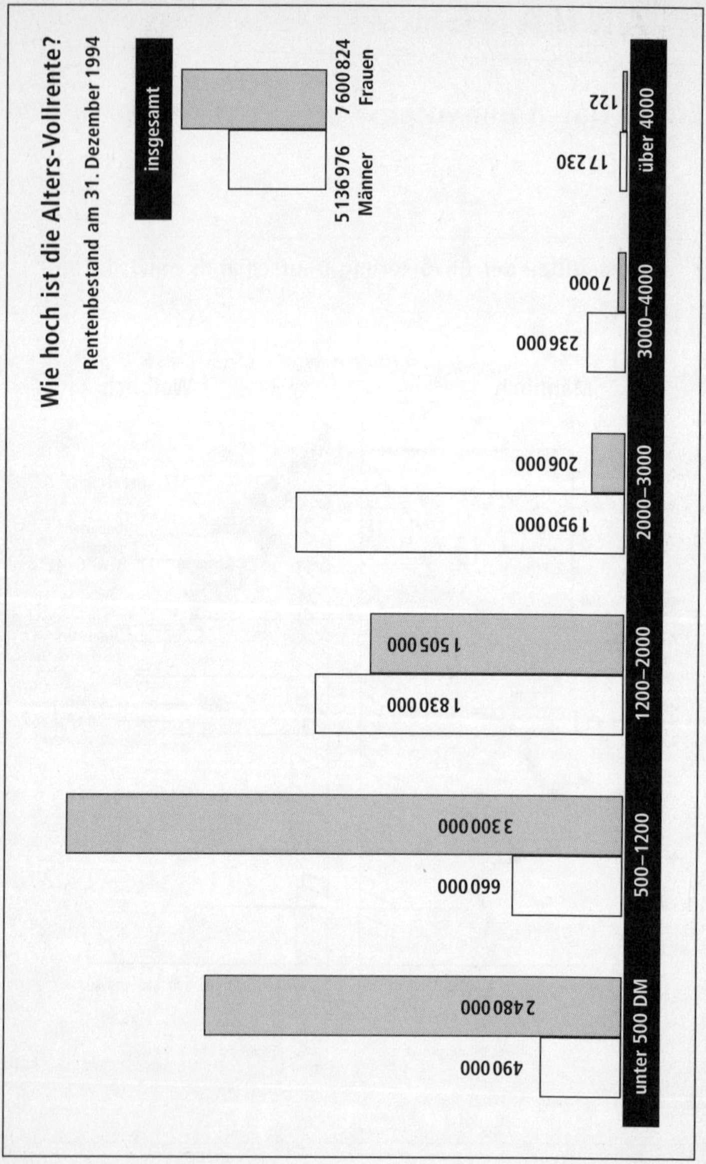
Wie hoch ist die Alters-Vollrente?
Rentenbestand am 31. Dezember 1994
insgesamt
5 136 976
Männer
7 600 824
Frauen
490 000
2 480 000
660 000
3 300 000
1 830 000
1 505 000
1 950 000
206 000
236 000
7 000
17 230
122
unter 500 DM
500–1200
1200–2000
2000–3000
3000–4000
über 4000

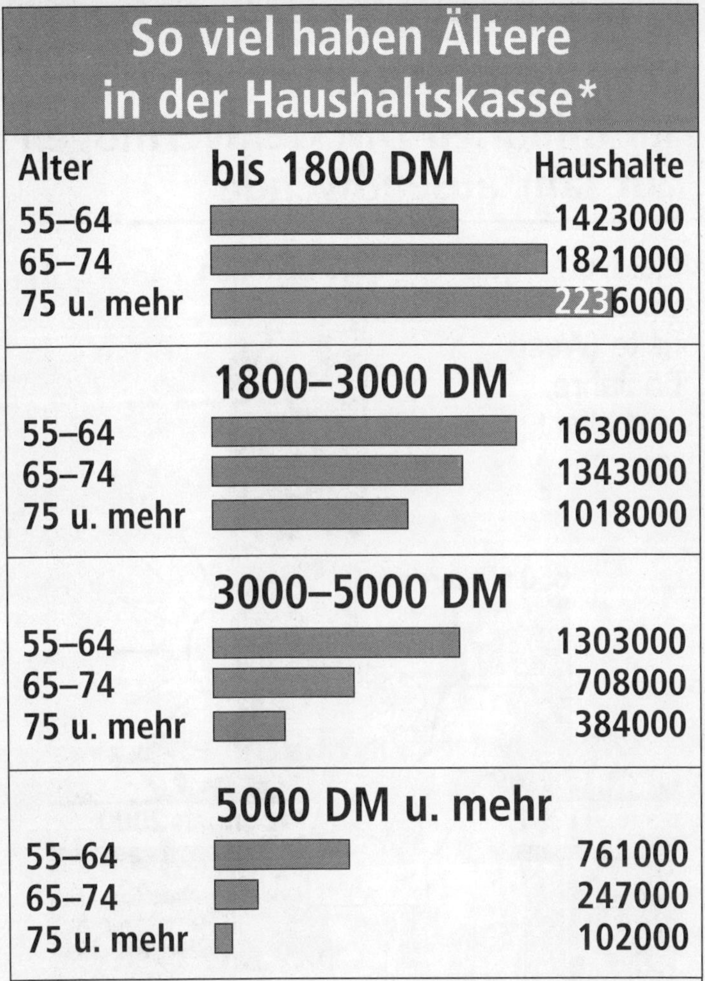

*Die Graphik stellt das monatliche Nettoeinkommen von Haushalten in Deutschland 1991 dar, denen ein Mann oder eine Frau über 55 Jahren vorsteht.
Quelle: Statistisches Bundesamt SZ-Graphik d.jenning

Die „neuen Alten": 1,6 Billionen DM Geldvermögen zur Jahrtausendwende

Bundesverband deutscher Banken.

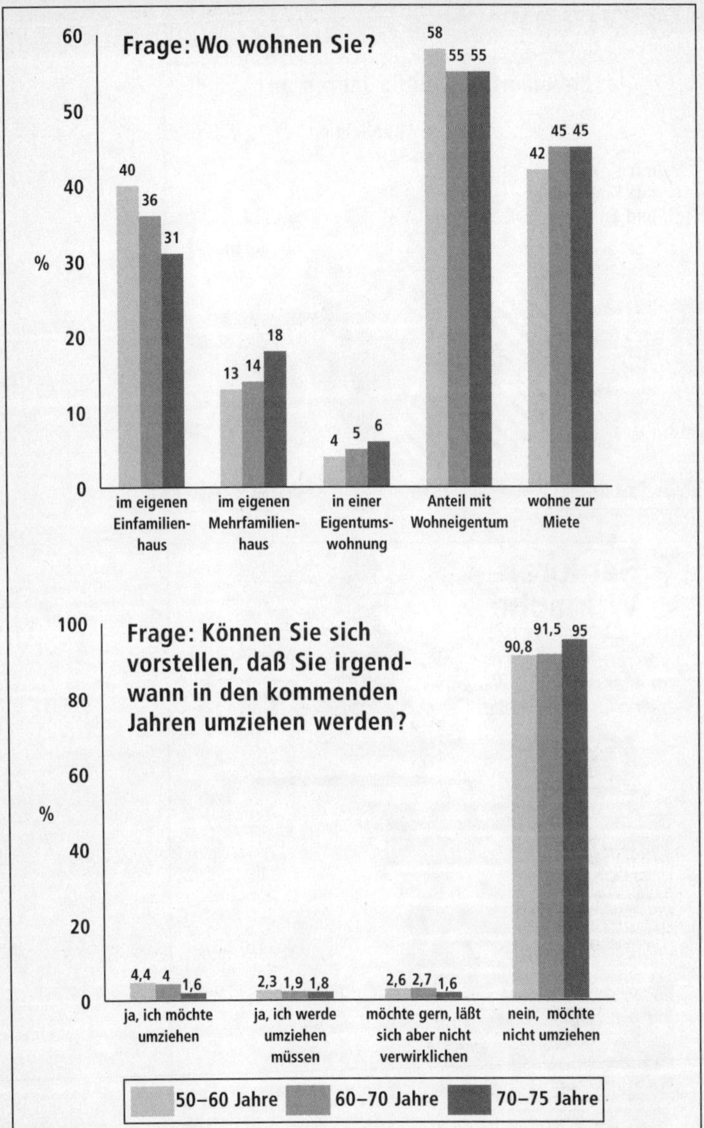

Quelle: GfK Nürnberg 1992

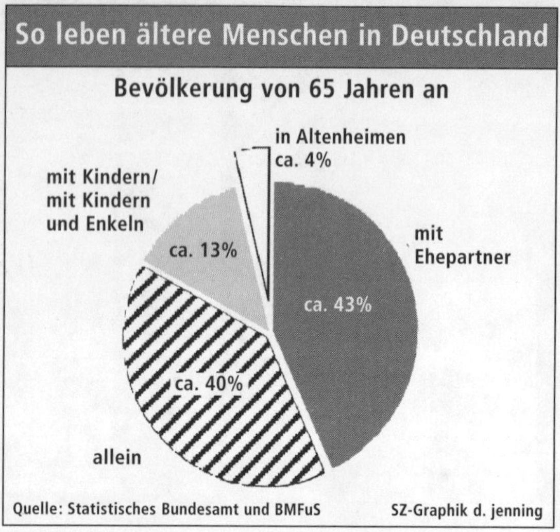
So leben ältere Menschen in Deutschland
Bevölkerung von 65 Jahren an
in Altenheimen
ca. 4%
mit Kindern/
mit Kindern
und Enkeln
ca. 13%
mit
Ehepartner
ca. 43%
ca. 40%
allein
Quelle: Statistisches Bundesamt und BMFuS
SZ-Graphik d. jenning

Senioren-
Wünsche
Von je 100 Befragten
im Alter von 55 bis 70 Jahren
halten für sehr wichtig:
Fit bleiben 87
Gesichertes Auskommen 79
Vertraute Menschen 75
Partnerschaft 73
Sicherung f. d. Pflegefall 73
66 Finanz. Spielraum
65 Selbständigkeit
63 Familie, Verwandte
58 Positive Lebenseinstell.
54 Sinnvolle Aufgabe
© Globus
8503

Wunsch und Wirklichkeit: Freizeitgestaltung im Alter (Angaben in Prozent)

	Berufstätige: Was würden Sie als Rentner gern machen?	Rentner: Wie verbringen Sie Ihre Zeit?	Differenz
Reisen	77%	46%	-21
Ein Hobby intensiv betreiben	60%	37%	-23
Mit anderen zusammenkommen	53%	49%	-4
Sich um die Kinder/Enkel kümmern	52%	61%	+9
Mehr lesen	50%	57%	+7
Sich um den Garten/Haus kümmern	48%	62%	+14
Etwas für die Gesundheit tun/Kur	47%	57%	+10
Sport treiben	42%	36%	-6
Mehr wandern/spazierengehen	39%	13%	-26
In Konzerte, Theater, Oper gehen	38%	21%	-17
Museen, Ausstellungen besuchen	30%	18%	-12
In einem Verein aktiv sein, werden	27%	23%	-4

Quelle: Allensbacher Institut für Demoskopie, 1993, zit. nach Deutsche Gesellschaft für Freizeit, Freizeit in Deutschland '93.

Reiseintensität nach Alter (Anzahl der Befragten: 6620–6484 Personen, Angaben in Prozent)

Alter	1991	1992
50–59 Jahre	70,4%	73,7%
60–69 Jahre	61,0%	67,1%
70 Jahre und älter	41,8%	49,3%
Gesamt	66,8%	71,1%

Quelle: Studienkreis für Tourismus, 1993; zit. nach Deutsche Gesellschaft für Freizeit, Freizeit in Deutschland '93.

Altersverteilung älterer Studierender (in %)

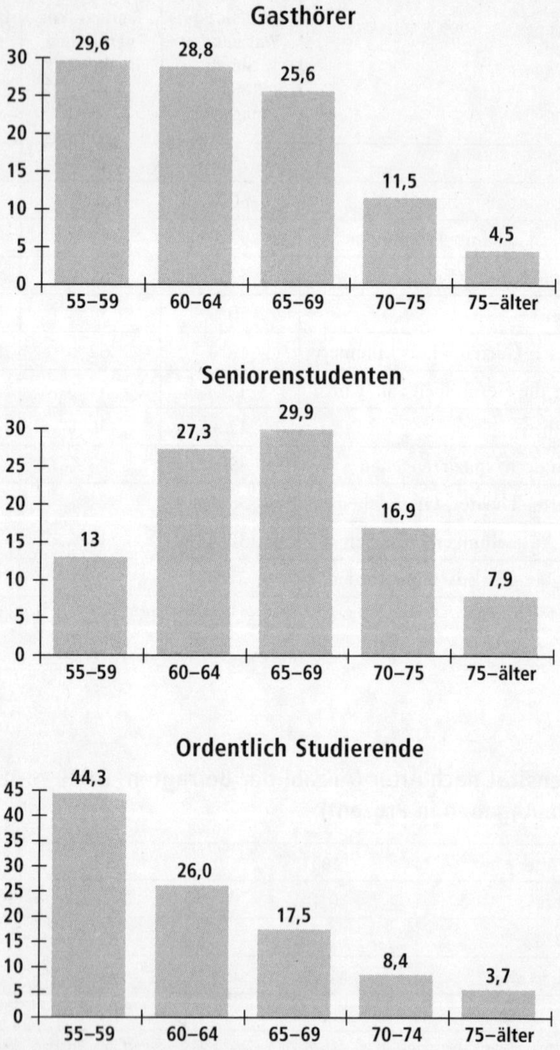

Hilfreiche Adressen

Allgemeine Themenbereiche

ARBES
Arbeitsgemeinschaft Bürgerschaftliches Engagement/
Seniorengenossenschaften
Gartenstraße 77/4
70839 Gerlingen
Tel.: 07156/25109
Fax: 07156/49174

Bundesarbeitsgemeinschaft der Senioren-Organisationen
(BAGSO)
Stockenstraße 14
53113 Bonn
Tel.: 0228/635391
Fax: 0228/635310

Bundesarbeitsgemeinschaft Katholisches Altenwerk
Kaiserstraße 43
53113 Bonn
Tel.: 0228/103–227
Fax: 0228/103334

Dachverband Altenkultur
Geschäftsstelle Köln
Zugweg 10
50677 Köln
Tel.: 0221/327817
Geschäftsstelle Leipzig
William-Zipperer-Straße 83
04179 Leipzig
Tel.: 0341/472440

Deutscher Senioren-Ring eV
Oberrather Straße 10
40472 Düsseldorf
Tel.: 0211/9653408
Fax: 0211/9042996

Deutsches Zentrum für Altersfragen eV (DZA)
Manfred-von-Richthofen-Straße 2
12101 Berlin
Tel.: 030/7866071
Fax: 030/7854350

Evangelisches Seniorenwerk
Bundesverband für Frauen und Männer im Ruhestand eV
c/o Günther Freytag, P. i. R.
Am Entenbusch 41
34346 Hann.-Münden
Tel.: 05541/34142

Kuratorium Deutsche Altershilfe eV
An der Pauluskirche 3
50677 Köln
Tel.: 0221/313071

Pro Senectute
Zentralsekretariat
Lavaterstrasse 60
CH-8027 Zürich
Tel.: 0041–1–2013020

Pro Senectute Österreich
Gentzgasse 9
A–1180 Wien
Tel.: 0043–1–4796161

Senior-Club Deutschland
Maximilianstraße 45
80538 München
Tel.: 089/2116302

Seniorenbörse für Information, Beratung und Lebensgestaltung
Rumfordstraße 25
80469 München
Tel.: 089/29162477

Senioren-Schutz-Bund SSB
«Graue Panther» eV
Georgenstraße 63
80799 München
Tel.: 080/2723166 oder 2722574
Fax: 089/2722985

ZWAR eV
Zwischen Arbeit und Ruhestand
Steinhammer Straße 3
44379 Dortmund
Tel.: 0231/617066
Fax: 0231/617068

Zum Themenbereich «Aktiv sein» (Kapitel 5)

Alt hilft Jung
Bundesarbeitsgemeinschaft der Seniorenexperten
(zugleich Leitstelle für 20 Organisationen im Bundesgebiet)
Kennedy-Allee 62–70
53175 Bonn
Tel.: 0228/889236 oder 889945
Fax: 0228/889348

Telefonnummern von Alt-hilft-Jung-Organisationen in
Berlin 030/4297834
Bonn 02247/1880
Braunschweig 0531/3804120
Frankfurt/M. 069/653591
Göttingen 0551/47082
Hamburg 040/291026 (Expertinnen)
Hamburg 04101/66567
Hannover 0511/9357310
Kassel 0561/38444
Koblenz 02601/1597
Meerbusch 02132/4892
München 089/222237
Münster/Stadt 02558/393
Münster/Land 05404/1248
Oberhausen 0208/809527
Osnabrück 0541/9778103
Reichertshausen 08137/7219
Stuttgart 07031/228388
Wilhelmshaven 04421/60530

Bundesarbeitsgemeinschaft «Öffnung der Hochschulen»
Informationen zum Seniorenstudium
Kunzenweg 21
79117 Freiburg
(ferner gibt es an allen Hochschulen und Volkshochschulen Auskünfte zum Seniorenstudium und zu Seniorenprogrammen)

Bundesarbeitsgemeinschaft Wissensbörsen (BAG-WB)
Sekretariat c/o Klaus-Georg Salentin
Manderscheider Platz 8
50937 Köln
Tel.: 0221/448544

Erfahrungswissen älterer Menschen eV
Koordinations- und Beratungsstelle
Georgenkirchstraße 70
10249 Berlin (Friedrichshain)
Tel. und Fax: 030/24063222

Expertinnen-Beratungsnetz Hamburg
Brucknerstraße 1
22083 Hamburg
Tel.: 040/291026
Fax: 040/292489
weitere Expertinnen-Beratungsnetze gibt es in
Berlin, Tel.: 030/24063242
Dresden, Tel.: 0351/4636423
München, Tel.: 089/7251848

Seniorengenossenschaften
Geschäftsstelle beim
Ministerium für Arbeit, Gesundheit und Sozialordnung
Baden-Württemberg
Rotebühlplatz 30
70173 Stuttgart
Tel.: 0711/6673–0

Senior Experten Service
für internationale Zusammenarbeit
Postfach 2262
53012 Bonn
Tel.: 0228/26090–0
Fax: 0228/2609077

Universität des 3. Lebensalters (U3L)
Johann-Wolfgang-von-Goethe-Universität
Postfach 111932
60054 Frankfurt/M.
Tel.: 069/98–1

Zum Themenbereich «Wohnen» (Kapitel 7)

Bundesinteressenvertretung der Altenheimbewohner eV
(BIVA)
Postfach 47
53913 Swistal
Tel.: 02254/2812-7045
Fax: 02254/2812-7046

ERGO – Neue Frauenwege ins Alter
Maistraße 28
80337 München
Tel.: 089/5380097
Fax: 089/5389734

Forum für gemeinschaftliches Wohnen
im Alter eV, c/o E. Christopei-Bentfeldt
Faunastraße 37
40239 Düsseldorf
Tel.: 0211/689745

Kuratorium Wohnen im Alter eV
Biberger Straße 50
82008 Unterhaching
Tel.: 089/6658-500
Fax: 089/6658-538

Wohnbund eV
Verband zur Förderung wohnpolitischer Initiativen
Kasseler Straße 1a
60486 Frankfurt/M.
Tel.: 069/776025
Fax: 069/773037

Wüstenrotstiftung
Deutscher Eigenheimverein eV
Hohenzollernstraße 46
71630 Ludwigsburg
Tel.: 07141/16-4777
Fax: 07141/16-3900

Zum Themenbereich Gesundheit und Sport (Kapitel 10 und 11)

Bundesverband Gedächtnistraining eV
Postfach 1580
72566 Bad Urach
Tel.: 07381/4242

Bundesverband Seniorentanz eV
Insterburger Straße 25
28207 Bremen
Tel.: 0421/441180

Deutsche Gesellschaft für Ernährung
Feldbergstraße 28
60323 Frankfurt/M.

Deutsche Herzstiftung eV
Wolfsgangstraße 20
60322 Frankfurt/M.
Tel.: 069/955128-0

Deutscher Sportbund
Koordinationsstelle für den Seniorensport
Otto-Fleck-Schneise 12
60528 Frankfurt/M.
Tel.: 069/6700-0

Deutscher Turnerbund
Otto-Fleck-Schneise 8
60528 Frankfurt/M.
Tel.: 069/678010

Literatur, die weiterhilft, und Quellenhinweise

Arbeitsgemeinschaft der Verbraucherverbände (AgV): Wohnqualität im Alter, Bonn 1995

BAGSO, Bundesarbeitsgemeinschaft der Senioren-Organisationen: Alter in Bewegung, Dokumentation des Deutschen Seniorentages '94 in Wiesbaden (10.–12.6.94), Bonn 1994

diess.: Ältere Menschen in Deutschland – Fakten und Felder der freien Seniorenarbeit, Bonn 1995

Berg, Lilo (Hrsg.): «When I'm sixty-four» – Alter und Altern in Deutschland, München 1994

Bienlein, Karl-Heinz: Lebensbilanz / Krisen des Älterwerdens – kreativ auf das Leben zurückblicken – Zukunftspotentiale ausschöpfen, München 1994

Braun, Helmut: Die Pflegeversicherung, Band 6 der Reihe «Die seniorengerechte Praxis», Institut für praktische Geriatrie, 44575 Castrop-Rauxel, 1995

Bundesministerium für Familie, Senioren, Frauen und Jugend: Sicherheit für Senioren – Gegen Angst und Gewalt, Bonn (Broschürenstelle); dass.: «Kompetenztraining» – «Gedächtnistraining» – «Psychomotorisches Training», Trainingsprogramme des Forschungsprojektes SIMA (Bedingungen der Erhaltung und Förderung der Selbständigkeit im höheren Lebensalter), Bonn (Broschürenstelle)

Cyran, W., Halhuber, M. J.: Erotik und Sexualität im Alter, Stuttgart/Jena/New York 1992

Deutsche Bischofskonferenz (Hrsg.): Leben im Alter, Themenheft der Woche für das Leben 1993, Bonn 1993

Deutscher Bundestag, 12. Wahlperiode: 1. Altenbereich der Bundesregierung, Drucksache 12/5897 vom 28.9.93

Deutscher Bundestag, 12. Wahlperiode: Zwischenbericht der Enquete-Kommission «Demographischer Wandel / Herausforderungen unserer älter werdenden Gesellschaft an den einzelnen und die Politik», Drucksache 12/7876 vom 14.6.94

Deutscher Sportbund (Hrsg.): Sport in der Bundesrepublik Deutschland, 18. Auflage, Eigenverlag, Frankfurt/M. 1992

Diamond, Harvey und Marilyn: Fit fürs Leben (Fit for Life), Ritterhude 1986
Felscher, H., Gahlen-Klose, A., Neubauer, E.: Fakten und Felder der freien Seniorenarbeit, Hrsg.: BAGSO, Bonn 1995
Friedan, Betty: Mythos Alter, Reinbek 1995
Füsgen, I. (Hrsg.): Interdisziplinäre Aspekte der Geriatrie, München 1990
Greenberg, Vivian E.: Unsere Eltern werden älter – Im Zwiespalt von Anspruch und Verantwortung, Reinbek 1995
Harenberg, Oliver: Senioren-Experten, Erfahrungen und Rezepte, Bonn 1995
Heinzelmann, Regula: Die neuen Paare, München 1994
Herzog, Dagmar: Mentales Schlankheitstraining, München 1995
Hesse, Hermann: Mit der Reife wird man immer jünger, Betrachtungen und Gedichte über das Alter, Frankfurt/M. 1990
Jampolsky, Gerald G.: Lieben heißt die Angst verlieren, Zürich 1981
Kelder, Peter: Die fünf Tibeter, 30. Auflage, Wessobrunn 1989
Lang, Lucia: Den Ruhestand aktiv erleben, Vorbereitung auf die dritte Lebensphase, Heiligenhaus 1980
Mayer, Karl Ulrich: «Zukunft des Alterns und gesellschaftliche Entwicklung», Berlin 1992
Meier-Baumgartner, Hans Peter (Hrsg.): Psychosoziale Dimensionen der Geriatrie, München 1991
Mohl, Hans: Die Altersexplosion, Stuttgart 1993
Münchner Werkstattgespräch 1993 Geriatrie: Heim oder heim? Der Stellenwert der Motivation in der geriatrischen Rehabilitation, Ponte Press, Bochum 1993
Münchner Werkstattgespräch 1994 Geriatrie: Ernährung – Problem im Alter?, Ponte Press, Bochum 1994
Saup, W.: Konstruktives Altern, Göttingen 1991
Schachtner, Christel: Störfall Alter – Für ein Recht auf Eigen-Sinn, Frankfurt/M. 1988
Schultz, Hans Jürgen (Hrsg.): Die neuen Alten – Erfahrungen aus dem Unruhestand, Stuttgart 1989
Siegert, Werner: Selbst-Management und Liebe – Mehr Lebensenergie, München 1991; ders.: Liebe in Pension – Wie sich Beziehungen nach dem Arbeitsleben ändern, Reinbek 1994

Sozialwissenschaftliches Institut für Gegenwartsfragen Mannheim (SIGMA): Engagement in der Bürgergesellschaft – Die Geislingen-Studie, Hrsg. Ministerium für Arbeit, Gesundheit und Sozialordnung des Landes Baden-Württemberg, Stuttgart 1995
Wiedemann, Michael (Hrsg.): Leben für die Gesundheit, Beiträge zur biologischen Ganzheitsmedizin, München/Berlin 1986
Wiedemann, Michael: Der Gesundheit auf der Spur, Genf/München 1989

Zeitschriften/Broschüren

Alter-nativen, Älterwerden in Bayern, Betätigungsfelder, Bayerisches Staatsministerium für Arbeit und Sozialordnung..., München 1993
BAGSO-Nachrichten, Zeitschrift für Multiplikatoren in der Seniorenarbeit, Bonn
Bürger engagiert, Infodienst der Seniorengenossenschaften, Bürgerbüros und Gemeinschaftsinitiativen in Baden-Württemberg, ferner Sonderausgaben, Landesregierung Stuttgart
extracta Geriatrica, Selecta-Verlag, Wiesbaden
GEO Wissen, Altern + Jugendwahn, Nr. 1/91
Panther Prisma, Mitgliederzeitung des Senioren-Schutz-Bundes «Graue Panther» Sechzig – na und? Steinschulte-Verlag Bonn
Pro Senectute – Zeitschrift für Geriatrie und Altenpflege, Eigenverlag, Gentzgasse 9, A–1180 Wien
Psychologie heute, Das Bild des Menschen, Beltz-Verlag, Weinheim
Senioren-express, C. A. T. communication-Gruppe Zürich/Baden (Schweiz) (Erscheinen ist inzwischen eingestellt)
Senioren Forum, Magazin für die beste Zeit Ihres Lebens, T & T Communication, Zürich
Wohnbund Informationen, Zeitschrift des deutschen und österreichischen Wohnbundes, Wien und Frankfurt/M.
Wüstenrot Stiftung / Deutscher Eigenheimverein e. V.: Selbständigkeit durch betreutes Wohnen im Alter, Schrift zum Gestaltungspreis der Wüstenrot Stiftung, Stuttgart 1994

Dank

Allen, die mir mit Informationen, Schrifttum, wertvollen Hinweisen und hilfreichen Gesprächen geholfen haben, diesen Ratgeber zusammenzustellen, möchte ich an dieser Stelle meinen besonderen Dank sagen.

Die nicht genannten mögen es bitte nicht als ungerecht empfinden, wenn ich dabei die BAGSO – Bundesarbeitsgemeinschaft der Senioren-Organisationen in Bonn besonders nenne.

Die Fülle des Materials hat allerdings auch erkennen lassen, daß es mit einem solchen Buch nur gelingen kann, ein kleines Fenster aufzustoßen.

Wer neue Lebensformen im Alter erschließen will, wird heute nicht lange suchen müssen, um Anregungen und Unterstützung zu finden. Die umfangreiche Adressen-Sammlung möge dabei behilflich sein.

Dank auch der Verfasserin/dem Verfasser und der Übersetzerin des «Gebets eines Seniors» auf S. 183. Da mich der Text als die Kopie einer Kopie einer Kopie ... erreichte, konnte ich seine exakte Quelle nicht ermitteln.